PESAJIM

CELEBRACIÓN DE LAS FIESTAS DE PASCUA

TRATADO NÚMERO 3:
EL TALMUD Y LA SABIDURIA RABINICA
A LA LUZ DE LAS ENSEÑANZAS DE
YESHUA HAMASHIAJ,
JESUS EL CRISTO

LAURO EDUARDO AYALA SERRANO

EDITORIAL AMI

Publicado por:
EDITORIAL AMI, S.A. DE C.V.
Darwin No. 68, piso 15
Colonia Anzures
México DF MEXICO
editorialami@yahoo.com.mx

Diseño de portada:
Nelson Abraham Cerda Perez
Managua, Nicaragua
nacpx@yahoo.com

Tercera Edición: Enero 2018
1,000 ejemplares.

ISBN: 6070055101
ISBN-13: 978-6070055102

Con todo cariño para mi sobrino,
JORGE LUIS RAMOS CEPEDA.

INTRODUCCIÓN

L os textos talmúdicos del siglo IV son como joyas preciosas que han estado allí guardadas miles de años, ajenas y a veces hasta extrañas para los círculos de los seguidores del Camino de la Salvación.

La lectura de estos tesoros judaicos contribuyen a la plena restauración del Tabernáculo caído de David, que en términos espirituales corresponde a la correcta adoración, al sentido más pleno de los ministerios dentro de la iglesia y a la revelación más profunda de las Sagradas Escrituras, esta última siendo posible solamente a través del minucioso análisis de los textos rabínicos que nos iluminarán para entender mejor el Antiguo Testamento y de una manera más culta las enseñanzas del Salvador el Ungido, Yeshúa HaMashíaj.

Si en algún momento hemos dicho que los profetas del

Antiguo Testamento, que los rabinos de principios de nuestra Era y aún el mismo Mashíaj tenían posturas minimalistas y selectivas de los mandamientos de la Toráh, ¿qué sentido habría tenido escribir sesenta y seis libros comentando los mandamientos del Antiguo Testamento? Ese comentario es el Talmud.

Recuerdo mientras leía un Tratado del Talmud, que coincidía con mi lectura diaria bíblica referente a los mandamientos del Éxodo, que páginas enteras de discusiones rabínicas talmúdicas trataban de discernir, clarificar y simplificar al lector el conjunto de mandamientos que por otra parte estaba yo leyendo en la Biblia. La experiencia fue fascinante al comprender que los cientos de cuartillas que conforman un Tratado en realidad estaban diseñadas para esclarecer la voluntad divina de los mandamientos del Antiguo Testamento.

Esta literatura interpretativa apareció en el período del Segundo Templo, y de acuerdo a David Levine, profesor de la Universidad Hebrea de Jerusalén, este período de tiempo se caracterizó por la reinterpretación de las narrativas bíblicas como una práctica común.

Es por esto que la centralidad del Templo era esencial para mantener un canon bíblico lo más apartado de las contaminaciones de individuos que no tuvieran la autoría de la revelación divina, de modo que "las Santas Escrituras estaban en los lugares sagrados de Jerusalén. Antes de la destrucción del Templo no se podía introducir ninguna otra clase de libro en el mismo" (Beckwith 1988:40-41).

Florecían principalmente dos grandes tipos de literatura interpretativa judía: Por una parte, los textos pseudoepígrafos del Antiguo Testamento, es decir, una compilación de textos re-escritos del Antiguo Testamento que tanto el judaísmo como el cristianismo consideraban falsos, espurios y profanos. Estos manuscritos eran expansiones de historias del Antiguo Testamento, leyendas, literatura filosófica y de sabiduría, oraciones, salmos, odas o fragmentos de obras judeo helénicas, literatura *non sacra* para los eruditos.

Por otro lado, afloraba también la literatura rabínica reinterpretativa de las Escrituras, que tiene un innegable carácter sagrado, y que dentro del judaísmo es una literatura de sabiduría inspirada por YHVH. Se trata del Talmud.

En este contexto el historiador judío Josephus Flavius, es el primero en mencionar al Talmud como una tradición oral explicativa de las Escrituras, autorizada por los fariseos, pero con serias diferencias y problemas con aquellos, quienes no aprobaban esta oralidad.

Esta tradición oral farisaica defendía la creencia de que Moisés había recibido en el Monte Sinaí una Toráh Oral interpretativa de los mandamientos que conformaban la ley judía.

Por supuesto que cualquier reinterpretación oral de las Escrituras tendría la tendencia a la expresión escrita y a la incorporación al canon bíblico después de algunos siglos de permanencia. Esto fue precisamente lo que le sucedió a la tradición farisea que conocemos como el Talmud, aunque de manera inconclusa.

La Toráh Oral interpretativa de la ley mosaica, si la recibió Moisés como tradición junto con los mandamientos, o si apareció en tiempos del Segundo Templo, como afirman teólogos, antropólogos y arqueólogos, logró su cristalización en el siglo IV AD, pero no su incorporación al canon bíblico.

No logra incorporarse al canon bíblico por razones históricas: La destrucción del Templo de Jerusalén en el año 70 AD obligó a los *sagues* o sabios judíos, a cerrar el canon durante el Concejo de Yamnia, porque se corría el riesgo de que se confundieran los textos sagrados con los quiméricos. El Talmud se cristalizó tardíamente y luego se lo reconoció como una Toráh Oral.

Es importante resaltar lo que afirma David Levine, que

cuando se cierra el canon en el Concejo de Yamnia, en realidad no se decidió qué libros eran sagrados, sino cómo preservar las tradiciones bíblicas que hasta ese entonces habían sido estrictamente revisadas por los escribas dentro del Templo.

Sea cual fuere la razón para cerrar la colección de textos bíblicos, y los criterios para decidir qué textos lo conformaban y qué textos eran excluidos, el Antiguo Testamento se clausura con los treinta y nueve libros aceptados por los sacerdotes hebreos.

Por otra parte, la iglesia romana aparece en el 325 AD, que es el año cuando "la sacrosanta Majestad, el emperador romano Constantino, pasó a ser en cierto sentido obispo universal, el término Papa se forjará después, nombrando el cristianismo como la religión de Estado en el Concilio de Nicea" (Gontard, 1961: 150).

Con la aparición de la iglesia romana, emerge años más tarde también el canon bíblico, decretado en el Concilio de Roma en el 382 AD, cuando el obispo Dámaso encarga a Jerónimo la presentación de un texto latino más correcto de la Biblia, apareciendo entonces, con base a los textos seleccionados previamente en el Concilio de Nicea, la Biblia Vulgata con el canon neotestamentario que ha mantenido esta institución hasta la fecha (Gontard, 1961:171).

Dentro de este compendio, agrega algunos textos hebreos al Antiguo Testamento, libros que para el judaísmo de ese entonces habían adquirido un sentido histórico tradicional, pero que quedaron fuera del compendio bíblico por las razones que hemos mencionado en la reunión de Yamnia.

Los libros añadidos al Antiguo Testamento reciben el título de libros apócrifos, es decir, textos históricos del judaísmo, pero sagrados para la iglesia romana. Se trata de 1ª y 2ª de Esdras, el libro de Tobías, de Judith, 1ª, 2ª, 3ª y 4ª de Macabeos, la Oración de Manasés, el libro de la

Sabiduría, Sirac, Baruc y algunos capítulos más del libro de Daniel.

También excluye sus propios textos pseudoepígrafos del Nuevo Testamento, es decir, todos aquellos que por cuestiones de dogma, doctrina o dudosa procedencia, son descartados del canon neotestamentario. Nos referimos a evangelios fragmentarios, fragmentos papiráceos, textos de la natividad, de la infancia y de la pasión y resurrección de Yeshúa HaMashíaj, además de textos asuncionistas y evangelios gnósticos.

Excluir a los textos pseudoepígrafos tanto del Nuevo como del Antiguo Testamento del canon bíblico fue un acto necesario e incuestionable, pero dejar de lado los escritos interpretativos del Antiguo Testamento considerados sagrados para los judíos fue una castración a la naciente iglesia.

El rompimiento con la matriz judía aísla de manera barbárica un cúmulo invaluable de literatura y encierra al cristianismo dentro de sus propios intérpretes, que durante muchos siglos fueron monjes de la iglesia romana recluidos en sus celdas.

Las disertaciones de San Agustín en la "Ciudad de Dios," donde el monje discurre en páginas enteras sobre el olor de las flatulencias en el cielo, justifican plenamente el conceder a este período histórico el nombre de Oscurantismo.

Con la Reforma de Martín Lutero en 1533, la escisión entre la iglesia romana, que para ese entonces ya era la iglesia católica, y el protestantismo, marca definitivamente el fin del monopolio religioso del catolicismo, un acto que lega la libertad de culto y respeto a las diferentes maneras de entender la salvación.

Sin embargo, Martín Lutero discriminó los textos que Jerónimo había añadido al canon del Antiguo Testamento que hemos mencionado como apócrifos, un hecho tan deleznable como la negación católica de los textos rabínicos reinterpretativos. Martín Lutero perseguía dos fines con esta acción: Por una parte buscaba tener un canon independiente del catolicismo, pero que al mismo tiempo tuviera una semejanza con los libros que conformaban la Toráh judía, con la mira a convertir al pueblo hebreo a los parámetros protestantes.

Esto representó otro golpe fortísimo para la iglesia de Yeshúa HaMashíaj, ya que Lutero toma esta decisión sin consultar a nadie más, dejando la Biblia protestante con menos textos judíos.

Alabamos entonces a la Reforma Luterana por liberar del yugo oscurantista católico a la Alemania del siglo XVI, pero reprobamos el hecho de seguir negando la matriz judía.

Inglaterra seguirá este ejemplo secesionista al proclamar la iglesia Anglicana como independiente del Vaticano en el año de 1536 AD, siguiendo el ejemplo de la Biblia con el canon protestante.

Por su parte, la universalización del protestantismo deviene en un crecimiento lento y doloroso que avanza con pesadez en un período de más de cuatrocientos años.

Sólo para situarnos en el momento histórico, dentro del judaísmo, otra producción literaria estalla desde el siglo XII en Provença, en la comunidad judía de Sfarad y continúa hasta bien entrado el siglo XVI. Se trataba de literatura interpretativa bíblica que retomaba un poco el estilo talmudista, o mejor dicho, que quería dar autoría a la comunidad judía de esta región.

Sin embargo, esta literatura sefaradí tampoco impacta al catolicismo, al protestantismo o a la iglesia anglicana, y es que, regresando unos cuantos siglos, el nuevo auge del catolicismo había comenzado desde el 710 AD con la Reconquista, término que definía la cruzada católica que pretendía devolver los territorios que ganó el Islam desde el 680 AD. El triunfo final de esta guerra santa emprendida por el catolicismo es en 1492 AD, cuando logran expulsar de España a árabes y a judíos. Lo que le tomó conquistar al Islam ochenta años, le costó ochocientos años al catolicismo recuperar.

Aceptar la literatura reinterpretativa sefaradí del Antiguo Testamento era como dejarse influenciar por parte de los apenas derrotados judíos, los cuales eran considerados como símiles de los árabes.

Este tipo específico de literatura interpretativa bíblica encuentra su destierro final con el antisemitismo nazi del siglo XX, que la vincula de una manera consciente a la brujería y a la adivinación, justificando de esta manera el genocidio al pueblo hebreo perpetrado por la Alemania hitleriana.

De este modo, la actual iglesia de Yeshúa HaMashíaj está desvinculada totalmente de su base hebrea y de su contexto judío, quedando sin un fundamento interpretativo que permita un entendimiento más profundo de la Biblia.

El trabajo de traducir manuscritos fue de crucial importancia en la historia. Baste recordar a Avendant Israelita o a Moshe Sefaradí, por ejemplo, quienes vivieron en Provença a principios del siglo XII, y quienes contribuyeron con la traducción sistemática de textos árabes al hebreo, haciendo crecer culturalmente a la comunidad judía de Sfarad de una manera tan radical que empezó a competir por la autoría con las comunidades en Babilonia e incluso en Israel, pues introdujeron por medio de sus traducciones conceptos de geometría, aritmética, lógica, dialéctica, física, música, astronomía, astrología, Ciencias Naturales y gramática, que hasta entonces eran desconocidos para el judaísmo, por encontrarse escritos en idioma árabe.

Me he esforzado en presentar una obra estudiada concienzudamente, analizada y asequible a nuestra cultura, de modo que el trabajo de traducción es loable por sí mismo, pero el de compilación de las mejores historias talmúdicas, sumado al comentario explicativo y a la práctica enseñanza moral hacia nuestras vidas, le confieren un valor incalculable a esta colección de manuscritos.

Mi padre decía que la introducción de un libro es como su espina dorsal, ya que nos va a dotar de las claves necesarias para poder entenderlo, por lo que le sugiero al lector adquirir los volúmenes anteriores de esta colección, donde se plantean dentro de las respectivas Introducciones, las bases para entender las reinterpretaciones rabínicas del Antiguo Testamento, que representan la continuidad del pensamiento restaurador de los profetas bíblicos.

En términos académicos, es muy recomendable consultar los textos en el idioma original del autor, pues las traducciones dejan algunas áreas sin análisis dependiendo de la idiosincrasia, nivel cultural y académico del traductor.

Por otra parte, existe un trabajo de traducción al español de los textos talmúdicos, pero con los precios tan prohibitivos de cada ejemplar, aunado al lenguaje denso y complejo que manejan estos manuscritos, que los convierten en libros prácticamente inaccesibles para el público.

Se omitirá de ahora en adelante llamar "Dios" a la deidad hebrea. De ahora en adelante se le llamará como está escrito en la Biblia hebrea: YHVH.

Jesucristo en español viene del griego "Iesou Jristou"(Ιησου Χριστου). Utilizaré su nombre hebreo, el cual se pronuncia como Yeshúa HaMashíaj (יֵשׁוּעַ הֹּמְשִׁיחֹ), porque el nombre es hebreo y se debe ante todo respetar los nombres propios de las personas en el idioma en que fueron escritos.

Como en los textos se utilizan palabras de común al judaísmo rabínico, pero desconocidas muchas de ellas para quien desconoce raíces hebreas, se ha realizado un glosario de términos rabínicos, mismo que se encuentra al final de este manuscrito.

Expreso un profundo agradecimiento, en primer lugar, a mi esposa, Hadasah Ortega Reyes, quien me ha brindado una ayuda excepcional.

Al diseñador gráfico, Nelson Abraham Cerda Perez,

que ha realizado con una creatividad sin par las portadas de los últimos libros por medio de internet desde Managua, Nicaragua.

Agradezco a la maestra María de los Ángeles Fernández Pérez, a la ingeniera Magdalena Serrano Deitz, y a la licenciada Eréndira Domínguez Benhumea por ayudarme en la corrección de estilo y darme invaluables ideas para que este texto sea más sencillo en su lectura.

Al pastor Javier Hermoso Barradas por el arduo trabajo de difusión.

Al doctor Melchor Rodríguez Caballero, quien hizo posible la publicación de este material.

A Yeshúa HaMashíaj como siempre sea toda la gloria, el honor y el poder por los siglos de los siglos. Amén.

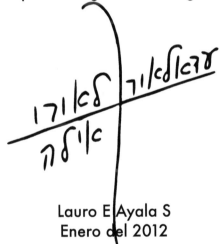

Lauro E Ayala S
Enero del 2012

I

INTERPRETACIONES TALMÚDICAS DEL ANTIGUO TESTAMENTO

GÉNESIS

Y vio Adonai todo lo que había hecho, y he aquí que era bueno en gran manera. Y fue la tarde y la mañana el día sexto.
(Génesis 1:31)

La bendición sobre las velas debe hacerse al acercarse el Shabbath, porque a esa hora fue creado el fuego, y tan pronto como se percibe el fuego, se debe hacer la bendición.

Rabbi Yehuda dice que la bendición sobre las velas se debe hacer al mismo tiempo que la bendición sobre el vino.

Rabbi Yohanan declara que la Halajá, es decir, la Tradición, prevalece de acuerdo a rabbi Yehuda.

¿Pero es un hecho que el fuego fue creado cerca del Shabbath? ¿No hemos aprendido en el Tratado del Talmud titulado Aboth, que diez cosas fueron creadas durante el crepúsculo que le precedía al Shabbath, y que rabbi Nehemías añadió el fuego y la mula a las diez cosas?

No hay ninguna contradicción en lo anterior, sino que el fuego que utilizamos los seres humanos fue creado cerca del

Shabbath, mientras que el fuego de la Gehena fue creado en el crepúsculo antes del Shabbath.

¿Fue entonces el fuego de la Gehena creado antes del Shabbath? ¿No hemos aprendido en el Tratado del Talmud titulado Nedarim que siete cosas fueron creadas antes que el mundo fuera creado, y dentro de esas siete se encuentra la Gehena?

La atmósfera de la Gehena fue creada antes del mundo, pero el fuego de la Gehena fue creado en el crepúsculo antes del Shabbath.

Aun así, ¿fue realmente el fuego de la Gehena creado antes del Shabbath? ¿No decía rabbi Banaha el hijo de rabbi Ula, que en las cosas creadas en el segundo día, el Eterno no dice que fueron buenas, y esto porque en ese día el fuego de la Gehena fue creado?

Entonces decimos que la atmósfera de la Gehena fue creada antes del mundo, que el fuego de la Gehena fue creado en el segundo día de la semana, y que el fuego que nosotros utilizamos fue creado antes del Shabbath.

Pero la Creación fue pospuesta, como hemos aprendido en una Boraitha, donde rabbi Yoséf decía: "Dos cosas fueron pospuestas para su creación en la tarde anterior al Shabbath, y no fueron creadas sino hasta que terminó el Shabbath, y ellas son el fuego y las mulas."

"Y cuando terminó el Shabbath, el Eterno puso en la cabeza de Adán producir fuego golpeando dos piedras una contra la otra y aparear a dos especies diferentes de animales, como lo son el asno y el caballo, y así se produjo la mula."

(TP, Capítulo IV, Mishná II)

COMENTARIO
El crepúsculo encendido en rojo pudo haber sido la fuente de inspiración de los maestros talmudistas para pensar que el Eterno había creado el fuego de los rayos agonizantes del sol

poniente. Para Roy Wagner (Wagner 1972), la Creación del mundo de acuerdo al Génesis es un mito de origen. Todas las sociedades tienen mitos de origen, como la sociedad moderna que explica la creación a partir de la explosión de unas partículas subatómicas, lo cual en términos lógicos es más que absurdo, porque en términos científicos, el ser humano es representado por un número imaginario, es decir, un número dentro de una raíz negativa, lo cual indicaría que es imposible que existamos, cuando la prueba de nuestra existencia la tenemos en nuestras propias vidas.

De acuerdo a Wagner, lo importante en los mitos de origen no es la veracidad de la historia, sino lo que el mito realmente significa para la sociedad que lo concibe, y en este sentido, no importa realmente si el Misericordioso hizo al universo en siete días o en siete millones de años, sino que el Eterno hizo el universo y no se debió a un accidente probabilístico de la naturaleza. Dejemos de discutir sobre asuntos irrelevantes y vanos, como dice Tito 3:9 y enfoquémonos en nuestra salvación mediante el nombre de Yeshúa HaMashíaj.

Los talmudistas, mostrando un gran respeto hacia las diferentes posturas de sus colegas, intentan unificar las disímiles versiones de cada uno, lo que nos enseña, en primer lugar, a admirar las opiniones de cada quien, pero también a honrar y tolerar la diversidad de puntos de vista.

Con dolor darás a luz los hijos.
(Génesis 3:16)

Rabbi Yohanan dijo: "Ganarse el pan diario es dos veces más laborioso que lo que le cuesta a la mujer dar a luz un hijo, porque concerniente a la mujer que da a luz está escrito lo que en el citado versículo: —Con dolor darás a luz los hijos—. Entre tanto que para que el hombre se gane la comida, en Génesis 3:17 dice:

Con dolor comerás de ella todos los días de tu vida.

"Y el término —Con dolor—, *beétzavón* (בעצבון) implica un mayor grado de dolor."

Rabbi Yohanan dijo nuevamente: "Que el hombre se gane el pan diario es incluso más difícil que la redención, porque concerniente a la salvación en Génesis 48:16 está escrito:

El Ángel que me liberta de todo mal.

"Mientras que en lo que respecta al sustento diario en Génesis 48:15 dice:

El Eterno que me mantiene desde que yo soy hasta este día.

"Donde podemos observar que para la redención se necesita solamente a un ángel, mientras que para el sustento diario de un hombre se necesita la providencia del Eterno."

(TP, Capítulo X, Mishná V)

COMENTARIO

Cuando estudiaba la Maestría en Antropología Social en la Universidad Iberoamericana en la ciudad de México, analizábamos un autor que había examinado a ciertas tribus africanas. A los hombres de esta tribu les tomaba ocho horas conseguir comida para toda la semana, teniendo todo el resto del tiempo libre para dedicarse al ocio. El autor lo contrastaba con las más de cincuenta horas que tenía que invertir un hombre de una sociedad moderna para conseguir su sustento.

Ciertamente, la modernidad nos trae un nivel de vida lleno de comodidades y de adelantos tecnológicos, pero a un precio muy alto, porque el ser humano difícilmente tiene tiempo para disfrutar de su familia, de sus logros ni del mundo que le rodea.

Cuando estamos bajo la bendición de Yeshúa HaMashíaj, en cambio, el tiempo que invertimos para la provisión pierde de alguna manera su importancia, porque confiamos en Aquel que nos Provee, como Mateo 6:28 dice: *"Y por el vestido, ¿por qué ponéis tanto afán en ello? Considerad atentamente cómo crecen los lirios del campo, no trabajan con fatiga ni se hacen de ropas hilando."* De modo que enfocarnos en fortalecer nuestra relación con el Creador del Universo, dedicar tiempo de calidad a nuestra familia, disfrutar de la vida y dar al trabajo el tiempo que se merece, es la fortuna que recibimos los creyentes en el Camino de la Fe.

La tierra te producirá espinos y cardos, y comerás plantas del campo.
(Génesis 3:18)

Rabbi Yehoshúa ben Levi dijo: "Cuando el Señor le dijo a Adán lo citado en el versículo, corrieron lágrimas por los ojos de Adán, y entonces dijo: —Creador del Universo, ¿comeremos yo y mi asno del mismo lugar?—. Pero escuchen lo que en Génesis 3:19 le respondió el Señor:

Con el sudor de tu rostro comerás el pan.

"Entonces el hombre se sintió más tranquilo."

Dice rabbi Shimeón ben Lakish: "Hubiera sido mejor para nosotros que se nos hubiera dejado en nuestra condición original, cuando estábamos condenados a comer las hierbas del campo; porque así no habríamos sido obligados a trabajar tan duramente para conseguir nuestro pan."

Dice Abaye: "No hemos sido liberados de esa condenación, porque hay un gran número de hierbas que podemos comer directamente del campo."

Rabbi Shezbi dijo en el nombre de rabbi Elazar ben Azariah: "Que el hombre consiga su sustento diario es tan difícil de lograr como lo fue dividir el Mar Suf para los israelitas cuando salían de Egipto."

(TP, Capítulo X, Mishná V)

COMENTARIO

Ganarse el pan diario con dificultad, o como dice Génesis 3:19, con el sudor de nuestra frente, es una maldición por el pecado de desobediencia de Adán.

No obstante, el postrer Adán, que de acuerdo a 1 Corintios 15:45 es Yeshúa HaMashíaj, nos ha librado de esta maldición, porque según Eclesiastés 5:19, el goce del trabajo de un hombre es un don del Boré, del Creador.

De este modo, debemos detenernos a pensar si disfrutamos nuestro trabajo. De ser afirmativa nuestra respuesta, demos gracias a nuestro Boré por el don inefable. De ser negativa, replanteemos nuestra situación laboral y busquemos el don del Creador mediante la bendición en nuestras labores, o en última instancia, mediante la búsqueda de una ocupación nueva donde nos sintamos plenos y satisfechos.

Y dijo: Maldito sea Canaán: Siervo de siervos será a sus hermanos.
(Génesis 9:25)

Cinco cosas mandó Canaán hijo de Ham, hijo de Noé a sus hijos: "Amarse unos a otros; Amar el robo; Amar la lascivia; Odiar a sus maestros y nunca decir la verdad."

Seis cosas fueron dichas de un caballo: "Es muy pasional; Ama la guerra; Es muy orgulloso; Odia el dormir; Come mucho y comparte poco."

De acuerdo con otros: "Le gusta matar a su dueño en la batalla."

(TP, Capítulo X, Mishná I)

COMENTARIO

Canaán miró la desnudez de su padre Noé y se burló de ella delante de sus hermanos. Cuando su padre Noé se enteró de lo que hizo su hijo, lo maldijo por su impiedad.

Es lógico pensar que un hombre pagano aconsejará de manera errónea a sus hijos, y por eso los sabios talmudistas comparan a Canaán con un corcel, que si bien son equinos de bello porte al servicio del ser humano, seguirán siendo caballos.

De la misma manera, la mente de un hombre impío retuerce la moral. Es similar a la gente moderna, que bajo la bandera del relativismo ha perdido todo decoro, sirviendo a sus mentes reprobadas para aconsejar a sus hijos en el camino de la perdición.

Un seguidor del Mashíaj aprende a discernir el bien del mal cuando comienza a observar los mandamientos, como dice Hebreos 5:14, porque la base de nuestra moral debe estar fundamentada en las Sagradas Escrituras.

Y no se llamará más tu nombre Abram, sino que será tu nombre Abraham, porque te he puesto por padre de muchedumbre de gentes.
(Génesis 17:5)

Hemos aprendido en una *Boraitha* que Yoséf el hombre de Hutzal es Yoséf el babilonio, o Issi ben Gur Ariah, o Issi ben Yehuda, o Issi ben Gamaliel, o Issi ben Mahalalal.

¿Pero cuál es su nombre en realidad? Issi ben Aqabia.

Rabbi Yitzhak ben Tabla es rabbi Yitzhak ben Haqla, lo mismo que rabbi Yitzhak ben Eleazar es Elaá, y donde rabbi Yitzhak es mencionado en la *Halajá* se refiere a rabbi Yitzhak ben Aha, mientras que rabbi Yitzhak es mencionado en la *Haggadá* como rabbi Yitzhak ben Pinhas.

(TP, Capítulo X, Mishná I)

COMENTARIO

Estos pasajes son de una riqueza inescrutable: Nos damos cuenta que un rabino podía tener varios nombres. Especulando sobre esta situación podemos decir que uno es su nombre de pila, otro su apodo, pero ¿cómo entendemos la gran variedad de nombres que nos presenta esta historia?

El cambio de nombre es una tradición bíblica que se da cuando el individuo ha experimentado una teofanía, es decir, un encuentro con el Eterno, y como resultado de esta teofanía el individuo es cimbrado y cambiado desde lo más profundo de su ser. En el Nuevo Testamento Yeshúa HaMashíaj cambió el nombre de algunos de sus discípulos, como en Lucas 6:14, cuando a Shimón lo llama Kefa.

El nombre que una persona recibe cuando ha tenido este encuentro trascendental con El Shaddai, con el Todopoderoso, también representará su desempeño futuro como ser humano. El nuevo nombre permeará los aspectos de personalidad del sujeto.

Y creció el niño, y fue destetado, e hizo Abraham gran banquete el día que fue destetado Isaac.
(Génesis 21:8)

Rabbi Avira predicó una vez en el nombre de rabbi Ami y otra vez en el nombre de rabbi Assi diciendo: "Con base al citado versículo que dice: —E hizo Abraham gran banquete el día que fue destetado Isaac—, significa que el Señor prepara una comida para los hijos de Isaac en el día en que los reciba en su favor."

"Después de que la comida y la bebida sean consumidas, el Señor levantará la copa que se usa para la bendición después de los alimentos hacia Abraham, y Abraham dirá: —No soy digno, porque por mí causa nació Ismael—."

"Entonces se le pedirá a Isaac que pronuncie la bendición, pero se negará a hacerlo porque fue padre de Esaú."

"A Jacob se le ofrecerá entonces la copa, pero se rehusará porque se casó con dos hermanas, lo que después fue prohibido por la Toráh."

"Entonces se le requerirá a Moisés que diga la bendición, pero también se negará, porque no fue destinado a entrar a la tierra prometida, ni antes ni después de su muerte."

"Se le preguntará a Josué que acepte la copa, pero también se negará diciendo: —No soy digno, porque morí sin hijos—."

"Finalmente se le ofrecerá la copa a David, y la aceptará diciendo: —Ciertamente soy digno y recitaré la bendición—, porque en el Salmo 116:13 está escrito:

Tomaré la copa de la salvación, e invocaré el nombre de YHVH.

(TP, Capítulo X, Mishná V)

COMENTARIO

Los padres son honrados por los hijos buenos, pero el hijo malo trae a los padres una vergüenza comparable a un hecho de maldad delante del Eterno. Esto sucede en la historia talmúdica donde los grandes patriarcas son indignos de tomar la copa y recitar la bendición porque su descendencia fue mala.

David es el único digno de realizar esta bendición, porque de su semilla desciende el Mashíaj.

Tenemos una idea muy similar en Apocalipsis 5:5, porque

en el *Olám HaBáh*, en el Mundo Venidero, se abrirá el rollo y se romperán los sellos del juicio, y el único digno de estar delante de la presencia del Santo y Verdadero será el León de la tribu de Yehuda, la raíz de David, es decir, Yeshúa HaMashíaj, que es digno porque con su sangre se ganó el derecho de hacerlo.

ÉXODO

Este es mi Nombre para siempre: Con él se me recordará por todos los siglos.
(Éxodo 3:15)

Rabha quería predicar acerca del nombre de Adonai desde el púlpito; Entonces cierto anciano le dijo: "En el citado pasaje, la palabra *olám* (עולם), cuando se escribe Ayin (ע), Vav (ו), Lamed (ל) y Mem (ם), significa —para siempre—, pero cuando se escribe como está escrito en el pasaje: Ayin (ע), Lamed (ל) y Mem (ם), también significa: —sellado—, de modo que el nombre del Señor está sellado y no debe ser discutido en público."

Rabbi Abbini propuso una pregunta contradictoria acerca del mismo pasaje: "En la primera parte dice: —Este es mi nombre *leolam* (לעלם), sellado— y en la última parte dice: —¿con él se me recordará por todos los siglos? —."

Luego él mismo respondió: "Así dice el Santo Uno, bendito sea: —Mi nombre escrito es uno, pero mi nombre que se pronuncia es otro. Mi nombre se escribe YHVH pero se pronuncia Adonai—."

(TP, Capítulo III, Mishná VIII)

COMENTARIO

El hebreo tiene la peculiaridad de que las vocales "i," "o" y "u" a veces pueden escribirse y a veces no, y dependiendo de eso variará el significado de una palabra.

En el caso del comentario de Rabha, la "o" no está presente en el versículo, lo que le añade un doble significado: para siempre y sellado.

En mi libro *Los Nombres de Dios* (Ayala, 2007), hago un detallado análisis del profundo respeto que tiene el judaísmo hacia el nombre de YHVH, cuya pronunciación es totalmente desconocida. En esta primera historia se enfatiza en mantener ese nombre sellado hasta el *Olám HaBáh*, hasta el Mundo Venidero.

El comentario del rabino Abbino revela un nombre con el que normalmente se menciona a YHVH dentro de las sinagogas: Adonai, que se traduce como "Señor." Este nombre se le utiliza de manera respetuosa solamente para fines rituales.

Fuera de las sinagogas, para nombrar de manera más cotidiana a Aquel que Será, usualmente se le llama HaShem, que se traduce como "El Nombre."

Y aquella noche comerán la carne asada al fuego, y panes sin levadura, con hierbas amargas lo comerán.
(Éxodo 12:8)

Rabhina notó que rabbi Aha el hijo de Rabha durante la

Pascua siempre se esforzaba por tener cierto tipo de hierbas amargas, como el rábano picante.

Le dijo entonces: "¿Es en tu opinión que este tipo de hierbas son más deseables porque son más amargas? ¿No hemos aprendido en la Mishná y también de los discípulos de rabbi Samuel que la lechuga debe estar en primer lugar, y rabbi Oshiya también dice que la lechuga es preferible? Aún Rabha dice que la lechuga es llamada *Hassa* en árabe, que significa: *Adonai tiene misericordia de nosotros.*"

Rabbi Samuel ben Nahmeni dijo en nombre de rabbi Yonathan: "¿Por qué los egipcios son comparados a las hierbas amargas?"

"Porque, como las hierbas amargas son primero suaves al paladar y luego amargan, así fueron los egipcios: primero trataron a los israelitas con bondad y después se endurecieron."

Respondió rabbi Aha el hijo de Rabha: "Ya no buscaré las hierbas más amargas."

(TP, Capítulo II, Mishná VI)

COMENTARIO

La hierba amarga que normalmente utilizan los hebreos para celebrar la Pascua es la lechuga, lo que en un principio me sorprendió porque la lechuga no tiene mucho de amargo, pero sí mucho de profundidad, y es que la amargura en Egipto fue como la amargura de la lechuga, porque cuando estamos bajo la sombra del Eterno, aún los problemas más amargos tienen algo de dulce, como dice el rabino Pablo en Romanos 8:28 que: "*todas las cosas ayudan para bien a los que aman a Habojén Lebabót, al que Escudriña los Corazones.*"

Estas historias talmúdicas son reflejo de situaciones modernas: He escuchado de gente que durante la celebración de la Pascua consigue incluso ajenjo para darles a probar a sus invitados, con la finalidad de que sepan lo que es realmente la amargura, que según ellos representaba la amargura que sintieron los israelitas al estar en Egipto.

Al parecer, el rabino Aha pensaba del mismo modo. Sin embargo, decir que vivieron en una vida de completa amargura es tan grave como decir que Aquel que fue Amud Anán, Columna de Nube, se había olvidado por completo de ellos, cuando en realidad, su misericordia siempre los acompañó a pesar de sus dificultades.

Muchas personas se quejan de que viven vidas de miseria porque han perdido su trabajo, a un ser querido, o porque no tienen los bienes ni la posición social ni económica que desearían tener, sin embargo, no se dan cuenta de que gracias a Amud Esh, a la Columna de Fuego, nunca les ha faltado alimento, vestido ni techo donde refugiarse, de modo que por muy amarga que sea la vida de una persona, cuando se trata de un creyente, la misericordia del Creador del Universo siempre estará sobre él.

Ninguna cosa dejaréis de él hasta la mañana, y lo que quedare hasta la mañana, lo quemaréis en el fuego.
(Éxodo 12:10)

¿Por qué el citado versículo repite —hasta la mañana— dos veces?

Para permitirle a la persona un día más para quemar el sobrante.

La persona que rompe los huesos del cordero pascual santificado incurre en el castigo de cuarenta latigazos, pero la persona que deja un pedazo de carne toda la noche, o que rompe un hueso del cordero pascual sin santificar no incurre en ninguna falta.

¿Cómo sabemos que la persona que rompe un hueso del cordero pascual sin santificar no incurre en ninguna falta?

Porque en Éxodo 12:46 está escrito:

Ni quebraréis hueso suyo.

Y la palabra —suyo— significa que solamente al cordero pascual santificado no es permitido romper ningún hueso, no así con uno sin santificar.

(TP, Capítulo VII, Mishná VIII)

COMENTARIO

Aquí tenemos un caso hermoso donde se nos muestra que cada palabra, que cada término y que cada repetición en las Escrituras tiene una razón de ser.

A veces pensamos que la Biblia contiene errores y contradicciones, sobre todo los que defienden la teoría de que el error humano queda así impreso a pesar de ser un libro inspirado por el Eterno, porque al momento que es escrito por hombres perfectibles, trastornan el mensaje de los cielos.

Para el judaísmo, en cambio, la Biblia es un libro de tan perfecta hechura divina, que aun los versículos que representan grandes retos para los teólogos, serán explicados cuando el Mashíaj revele el verdadero significado de cada palabra en el *Olám HaBáh*, en el Mundo Venidero.

A nosotros nos queda creer en la veracidad de las Sagradas Escrituras e intentar hacer, lo mejor posible, la perfecta voluntad del Único Santo.

En esta discusión peculiar, debemos entender el carácter mesiánico de Yeshúa, cuando después de entregar el espíritu, los soldados romanos no quebraron ningún hueso suyo como tenían por costumbre, confirmando que nuestro Salvador fue el perfecto sacrificio pascual, el perfecto Cordero que murió inmolado para el perdón de nuestros pecados y de todos los que han creído en esa sangre derramada en la cruz.

Siete días comeréis panes sin levadura, y así el primer día haréis que no haya levadura en vuestras casas.
(Éxodo 12:15)

Rabbi Yehuda pensaba: "Antes, cuando todavía existía el Templo, dos tortas como ofrenda de acción de gracias que ya habían sido profanadas eran expuestas en la banca del Templo."

"Mientras las dos tortas estuvieran allí, la gente seguía comiendo pan con levadura; Cuando una de las tortas era removida, se abstenían de comer pan con levadura, pero todavía no quemaban el pan restante; Cuando ambas tortas se removían, toda la gente comenzaba a quemar el *Jometz* (חומץ), el pan con levadura."

Rabha dijo en el nombre de rabbi Yehuda: "En el Templo del Monte había una banca con un arco doble."

Hemos aprendido esto en una *Boraitha* que rabbi Yehuda dijo: "Se le llamaba *Istavanith*, porque un techo cubría la banca, y la banca estaba compuesta por dos arcos, uno que salía del otro."

En otra *Boraitha* hemos aprendido que Abba Saul dijo: "Había también otra señal: Dos vacas eran arriadas a arar en el Monte de los Olivos. Mientras que las dos vacas se podían ver, toda la gente podía comer pan con levadura, cuando una de ellas era removida, la gente se abstenía de comer pan leudado, y tan pronto como la otra era quitada, se comenzaba a quemar la levadura."

(TP, Capítulo I, Mishná IV)

COMENTARIO

Dejar de comer pan con levadura e incluso quemar cualquier resto de harina con levadura, implica lo que el rabino Pablo en 1 Corintios 5:6 dice acerca de la jactancia, que: *"un poco de levadura leuda toda la masa,"* o en otras palabras, si permitimos que un pecado pequeño entre en nuestras vidas, pronto llevaremos una vida entera de pecado.

Los días dentro del judaísmo no son como los días en Occidente, sino que comienzan en la tarde, porque en el libro de Génesis está escrito después de cada acto creador: *"Y fue la tarde y la mañana un día."* Esto implicaba el cálculo del momento en que entraba el día en la tarde con base a la posición del sol y a la aparición de ciertas estrellas en los cielos, como es tema de otros tratados del Talmud.

Los cálculos por supuesto eran realizados por especialistas en la materia, y la manera más sencilla de hacerlo era dando señales visibles para todo poblador en Jerusalén, ya que tanto el Templo como el Monte de los Olivos eran visibles desde cualquier punto de la Ciudad Vieja.

En la actualidad, es sorprendente cómo en Israel durante la Pascua, incluso las hamburguesas de Mac Donalds están hechas con pan sin levadura.

El texto talmúdicos nos hace descripciones de primera mano sobre detalles del Templo de Herodes, lo que le confiere de un valor histórico inigualable para cualquier persona que quiera tener una idea clara de su más detallada hechura y función.

Por siete días no se hallará levadura en vuestras casas. (Éxodo 12:19)

Rabbi Aha el hijo de rabbi Yoséf dijo a rabbi Ashi: "Samuel dijo: —No hay mejor manera de esconder dinero que enterrándolo—."

"Así que le pregunté: ¿Lo tengo que enterrar tres spans como se entierra el pan con levadura?"

"Y Samuel respondió: —En el caso de la levadura es esencial que los perros no la huelan, por eso es necesario cavar tres spans, pero cuando se entierra dinero es necesario ocultarlo de la vista y no es necesaria tanta profundidad—."

"¿Cuál debe ser la profundidad entonces?"

Dice Raphram bar Papa de Sikhra: "La profundidad debe ser de un span."

(TP, Capítulo II, Mishná IV)

COMENTARIO

En Mateo 13:44 Yeshúa HaMashíaj hace la comparación del Reino de los Cielos con el tesoro que una persona encuentra en un campo; La persona gozosa entierra nuevamente el dinero en lo que compra el campo. Hasta a principios del siglo XX era común escuchar que la gente escondía sus bienes enterrándolos en algún lugar o empalizándolos en las paredes. Este relato nos ofrece una visión antropológica fascinante de cómo era la vida en el primer siglo de la era cristiana.

Pero también hay una enseñanza espiritual profunda: La levadura, que en otra parte de este manuscrito hemos apuntado que es una metáfora del pecado, debe ser enterrada lo suficientemente profunda para que incluso el olfato de los perros no la encuentren, y esto es un simbolismo también de nuestras vidas: Cuando hemos nacido de nuevo, debemos dejar nuestras prácticas paganas y profanas que realizamos con anterioridad, como si estuvieran enterradas lo suficientemente profundas como para que no volvamos a saber dónde quedaron, ni nos traigan algún recuerdo que nos lleven de vuelta a lo que ya habíamos dejado atrás, llámense vicios, actividades en la carne, malos hábitos que debemos alejar de nosotros.

Por otra parte, enterrar el dinero también tiene un sentido espiritual: El sentido de ahorrar para nuestro futuro, de hacernos un patrimonio cuando tenemos las posibilidades, de invertir cuando sabemos que a largo plazo nos va a redituar una bendición mayor.

Es la víctima de la pascua de YHVH, el cual pasó por encima de las casas de los hijos de Israel en Egipto, cuando hirió a los egipcios, y libró nuestras casas.
(Éxodo 12:27)

Rabbon Gamaliel solía decir: "Quien quiera que no menciona las tres siguientes cosas durante la Pascua no ha cumplido su deber:

"1) El Cordero Pascual del Sacrificio, que es ofrecido porque el Señor pasó sobre las casas de nuestros ancestros en Egipto, como está escrito en el citado versículo: —YHVH pasó por encima de las casas de los hijos de Israel en Egipto—."

"2) El Pan sin Levadura, que es comido porque nuestros ancestros fueron redimidos de Egipto antes que pudieran leudar su masa, como en Éxodo 12:34 dice:

Y llevó el pueblo su masa antes que se leudase, sus masas envueltas en sus sábanas sobre sus hombros.

"3) Las hierbas amargas, que son comidas porque los egipcios amargaron las vidas de nuestros ancestros en Egipto, como en Éxodo 1:14 está escrito:

Y amargaron su vida con dura servidumbre, en hacer barro y ladrillo, y en toda labor del campo y en todo su servicio, al cual los obligaban con rigor.

"Es algo que debe incumbirle a toda persona, de cualquier edad, que consideren como si ellos mismos hubieran salido de Egipto como en Éxodo 13:8 dice:

Y lo contarás en aquel día a tu hijo, diciendo: Se hace esto con motivo de lo que YHVH hizo conmigo cuando me sacó de Egipto.

"Y por eso estamos obligados a agradecer, a darle alabanza, adoración, gloria, exaltación, honor, bendición y reverencia a quien obró todos estos milagros para nuestros ancestros y para nosotros, porque él nos trajo de esclavitud a libertad, cambió nuestro lamento en gozo, nuestro llanto en fiesta, nos sacó de las tinieblas a la luz brillante, y de servilismo a redención. Por eso decimos en su presencia: Aleluya."

(TP, Capítulo X, Mishná IV)

COMENTARIO

La Pascua es también el punto nodal de los seguidores de Yeshúa HaMashíaj, porque Él mismo es la representación más perfecta del Cordero Pascual, que por medio de su sangre preciosa nos perdona todos nuestros pecados y nos sana de nuestras enfermedades.

El énfasis en recordar lo que sucedió históricamente es algo que las sociedades modernas olvidan con facilidad: Olvidamos que un gobernante o un líder hizo un gran fraude hace algunos años y volvemos a votar por él; Olvidamos que cuando andábamos en nuestros pecados y en nuestros vicios éramos infelices y desgraciados, y volvemos a recaer; Olvidamos, en fin, lo bien que nos iba cuando éramos fieles al Señor y nos apartamos del camino sin darnos cuenta que ponemos en riesgo nuestra salvación.

Recordar la amargura del pasado, pero también la mano poderosa de El Caná, de El Celoso, es mantener viva nuestra fe aún en los momentos de prueba y de dificultad y darnos una luz de esperanza hacia el futuro.

Pero ningún incircunciso comerá de ella.
(Éxodo 12:48)

Había cierto arameo que iba a Jerusalén cada Pascua, y

diciendo que era israelita, comía del cordero pascual.

Una vez regresando a su casa en la ciudad de Nisbis, le dijo a rabbi Yehuda ben Bathyra: "En su Toráh está escrito lo que en el citado pasaje que dice: —Pero ningún incircunciso comerá de ella—, sin embargo, voy a Jerusalén cada año y como lo mejor del cordero pascual."

Le dijo rabbi Yehuda ben Bathyra: "¿Te han dado de las grosuras de la cola?"

"No" fue su respuesta.

Entonces rabbi Yehuda le aconsejó que cuando fuera otra vez, pidiera esa parte.

Cuando el arameo fue a Jerusalén al año siguiente, pidió que se le diera de la grosura de la cola.

Le preguntaron: "¿Quién te dijo que tú podías comer esa parte? Porque la grosura de la cola se sacrifica en el altar."

Entonces él les respondió: "Rabbi Yehuda ben Bathyra me lo dijo."

Dijeron ellos: "¿Qué significa esto? Porque es seguro que rabbi Yehuda sabía que esto no podía ser."

Entonces hicieron una investigación y se dieron cuenta de que el hombre no era israelita sino arameo, y fue castigado por su acción. A rabbi Yehuda ben Bathyra le enviaron el siguiente mensaje: "La paz sea en usted, rabbi Yehuda ben Bathyra, que se sienta en Nisbis, pero lanza su red en Jerusalén."

🔆

Había tres sacerdotes. Uno de ellos dijo: "Me tocó un pedazo de pan del tamaño de un frijol."

El otro dijo: "A mí me tocó del tamaño de una aceituna."

El tercero dijo: "El mío era del tamaño de la cola de una lagartija."

Cuando escucharon el lenguaje del tercero, hicieron una investigación y resultó que no se trataba de un sacerdote genuino.

🔆

Dos discípulos se sentaron delante de Rabh: Uno de ellos le dijo: "El estudio del Talmud del día de hoy me ha cansado como a un cerdo."

El otro dijo: "A mí el estudio me cansó como a cabra."

Desde aquel día Rabh no le dirigió la palabra al primero de estos discípulos.

(TP, Capítulo I, Mishná I)

COMENTARIO

A veces pensamos que podemos estar por encima de la ley y seguir con nuestros desvaríos sin recibir la justa retribución de nuestras malas obras.

En la historia del rabino Yehuda ben Bathyra, éste se entera de un hecho que va en contra de la ley mosaica. Como se trata de un acción que sucede en otra ciudad, y de una persona que quizás hasta esté blofeando, una confrontación directa lo habría llevado a perder el juicio por la carencia de pruebas.

Entonces lo que hace es tenderle sabiamente una trampa para que caiga por sus propios hechos la siguiente vez que cometa el ilícito. Si bien, su actitud es digna de admiración, pues no juzga a la ligera, sino que comprueba la veracidad de la historia y se asegura de que el implicado reciba su castigo, no por mano propia, sino por medio de las autoridades competentes.

La historia siguiente también trata de un impostor que es descubierto por su forma de hablar. Esto nos enseña a tener cuidado incluso de los asistentes a nuestras congregaciones, porque pueden ser ovejas disfrazadas de lobos, como dice el rabino Pablo en Hechos 20:29. De cualquier manera, el Señor los cortará de nuestras congregaciones como dice 1 Juan 2:19, que: "salieron de nosotros porque no eran de nosotros."

La última historia, compara a un discípulo con un impostor por el lenguaje que utiliza. Mencionar a una lagartija y a un cerdo nos parece a primera vista que no es algo tan grave, al fin también se está haciendo la comparación con un frijol y con una cabra. Para el judaísmo, los cerdos y las lagartijas son animales inmundos.

Es precisamente ese detalle el que marca la gran diferencia: Cuando hablamos con nuestros conocidos, a veces comenzamos a utilizar los mismos términos que ellos utilizan, pensando que es de lo más normal hablar en slang o con palabras altisonantes.

Sin embargo, debemos detenernos y preguntarnos: ¿Este es el mismo lenguaje que utilizaría si estuviera en una entrevista de trabajo? ¿Este es el vocabulario que usaría en una conferencia para impactar a gente culta?

Si la respuesta es negativa, entonces debemos utilizar otros términos, y es que debemos dar testimonio de que Yeshúa HaMashíaj vive en nosotros, y que ha hecho una transformación en nuestras vidas, transformación que debe impactar también nuestra forma de hablar, recordando lo que nuestro Mashíaj dijo en Mateo 12:36, que: *"daremos cuenta de toda palabra ociosa que sale de nuestra de boca."*

Y tú alza tu vara, y extiende tu mano sobre el mar, y divídelo, y entren los hijos de Israel por en medio del mar, en seco.
(Éxodo 14:16)

Rabbi Nathan dijo: "De acuerdo al dictamen de rabbi Huna, cuando los israelitas atravesaban el Mar Suf, los peces del mar dijeron conforme al Salmo 117:

Y la fidelidad de YHVH es para siempre.

Rabbi Huna decía: "Cuando los israelitas fueron rescatados de Egipto, eran todavía escépticos, y cuando los llevaron a través del Mar Suf, dijeron: —Seguramente los egipcios ya pasaron por el mar en otro punto y nos alcanzarán y nos darán muerte—."

"De modo que el Señor dijo al maestro del mar: —Arroja fuera del mar los cuerpos de los egipcios y deposítalos en tierra seca, para que los vean los israelitas—."

"Y el maestro del mar dijo: —Creador del Universo, ¿hay algún esclavo que haya sido dado a su amo y despés privado de él nuevamente—."

"Entonces el Señor replicó: —Yo te devolveré esos cuerpos más la mitad de los que tú arrojes fuera del mar—."

"Y el maestro del mar dijo nuevamente: —Creador del Universo, ¿hay algún esclavo que no demande la restitución de su Señor? —."

"Y el Señor le volvió a responder: —El arroyo de Cisón será tu promesa—."

"Por eso los cuerpos de los egipcios fueron arrojados fuera del mar en tierra seca, e Israel lo vio, como en Éxodo 14:30 dice:

E Israel vio a los egipcios muertos a la orilla del mar.

"¿Pero cómo sabemos que el Señor cumplió el añadir la mitad de cuantos egipcios fueron arrojados del mar?"

"Porque concerniente a los egipcios, en Éxodo 17:7 dice:

Y tomó seiscientos carros escogidos.

"Mientras que en lo concerniente a Sísara en Jueces 4:3 dice:

Porque aquél tenía novecientos carros herrados.

"Cuando Sísara vino a levantar guerra contra los israelitas, lo hizo con lanzas de hierro, pero el Señor cambió la posición de las estrellas, como en Jueces 5:20 está escrito:

Desde los cielos pelearon las estrellas, desde sus órbitas pelearon contra Sísara.

"Tan pronto como las estrellas se movieron, las lanzas del ejército de Sísara se calentaron, de modo que los hombres fueron a enfriarlas al arroyo de Cisón, y entonces el Señor le dijo al arroyo de Cisón: "Ve ahora y cumple la promesa con que te comprometí.""

"De este modo, el arroyo arrojó a todos al mar, como en Jueces 20:21 dice:

Los barrió el torrente de Cisón, el antiguo torrente, el torrente de Cisón.

"¿Y por qué es llamado —el antiguo torrente?—. Es llamado así porque hizo una promesa de tiempos antiguos."

"Así, cuando todos esos hombres fueron arrojados en el océano, los peces, que fueron provistos con tanta comida exclamaron lo que el Salmo 117:2 dice:

Y la fidelidad de YHVH es para siempre.

Rabha predicaba: "En el Salmo 116:1 está escrito:

Amo a YHVH, pues ha oído mi voz y mis súplicas.

"La congregación de Israel (כנסת ישראל) dijo al Santo Uno, bendito sea: —Señor del Universo, ¿cómo sé que he encontrado gracia delante de tus ojos cuando escuchas mi oración?—."

"Y por eso, más adelante, en el Salmo 116:6 dice:

Estaba yo postrado, y me salvó.

"La congregación de Israel le dijo al Eterno: —Señor del Universo, a pesar de que no soy eficiente guardando tus mandamientos, siempre he sido tuyo, y por lo tanto sería decoroso que tú me ayudaras—."

(TP, Capítulo X, Mishná V)

COMENTARIO

Todas las historias del Antiguo Testamento están ligadas unas con las otras, porque aunque la Biblia fue escrita por seres humanos en la tierra en tiempos históricos diferentes, fue inspirada por el Señor.

Una historia puede entenderse mediante otra, como lo hacen los talmudistas, pero este conocimiento trascendental se logra únicamente a través de la revelación más honda que puede dar Hu Felí, El Maravilloso.

El brazo de misericordia es extendido todo el tiempo hacia el pueblo del Eterno, si bien los judíos reconocen que han fallado guardando sus mandamientos, nosotros debemos reconocer lo mismo, porque es por su gracia que recibimos la bendición sobre nosotros.

La mención de "maestros" la tendremos repetida en otras historias talmúdicas. El Antiguo Testamento utiliza los términos "ángeles" o "mensajeros" (מלך), o bien "ministros" (משרת), como lo menciona el Salmo 104:4, para describir a las potestades que tienen autoridad sobre los elementos naturales.

De acuerdo a la visión bíblica, estos "maestros," "mensajeros" o "ministros" han sido puestos sobre diferentes elementos de la naturaleza para servir como guardianes, obedientes únicamente a la voz del Creador del Universo.

Entonces cantó Moisés y los hijos de Israel este cántico a YHVH.
(Éxodo 15:1)

Dice rabbi Yehuda en el nombre de Samuel: "El Cántico de Moisés y María en Éxodo 15 fue cantado por Moisés con Israel cuando salían fuera del mar, ¿pero quién recitó el *Hallel*?"

"Los profetas entre ellos habían ordenado que en todo tiempo cuando fueran librados de aflicción, ellos lo debían decir recordando su salvación."

(TP, Capítulo X, Mishná IV)

COMENTARIO

El *Hallel* es un canto que se recita durante la celebración de la Pascua. Comprende los Salmos 112 al 118, aunque este tema de los Salmos que incluye o excluye será punto de discusión más adelante en este mismo manuscrito.

Los cánticos de alabanza y adoración sirven para exaltar el Nombre del Shofet Tsadik, del Juez Justo, pero los cánticos históricos además añaden una retroalimentación para la persona que los entona, y es que recitar Salmos nos dará fuerza y esperanza para enfrentar los desafíos de nuestra vida diaria; Nos dará la esperanza de que cualquier situación, por oscura y difícil que parezca, tendrá una solución donde glorificaremos el nombre del Señor.

Pero si el buey fuere acorneador desde tiempo atrás, y a su dueño se le hubiere notificado, y no lo hubiere guardado, y matare a hombre o mujer, el buey será apedreado, y también morirá su dueño.
(Éxodo 21:29)

Rabbi Oshiya enseñaba: "Un buey que ha intentado acornear a una persona alguna vez, no se le debe aproximar menos de cincuenta ells."

"A uno que lo ha hecho tres veces, se le debe evitar tan pronto como se lo ve."

Fue enseñado en nombre de rabbi Meir: "Si has visto a un buey así de morboso, aunque tenga metida la cabeza entre las

patas, sube pronto a algo elevado y baja la ladera inmediatamente."

(TP, Capítulo X, Mishná I)

COMENTARIO

Era un mandamiento bíblico que el buey acorneador estuviera resguardado por su propietario, de tal modo que no causara ningún daño. No obstante, la historia talmúdica nos hace ver que algunas personas no tomaban este mandamiento con la seriedad requerida.

En términos espirituales, debemos entender al buey como el pecado del que nos ha sacado Yeshúa HaMashíaj, y que a veces vemos a distancia: Un alcohólico añorará el bar donde se reunía con sus amigos; Un fornicario recordará las zonas rojas de su ciudad, y así en cada caso.

El Talmud nos invita incluso a rodear las situaciones que ponen en riesgo espiritual nuestras vidas, no sea que acercándonos demasiado, seamos acorneados por ese pecado y tengamos una recaída de la que luego nos arrepintamos amargamente.

Quemará incienso aromático sobre él, cada mañana cuando aliste las lámparas lo quemará.
(Éxodo 30:7)

Los rabinos enseñaron: "No hay nada que se ofrezca antes del sacrificio diario sino el incienso."

(TP, Capítulo V, Mishná I)

COMENTARIO

El libro del Apocalipsis 8:4, nos dice que las *tefilót* u oraciones de los consagrados al Rishón VehaAjarón, al Primero y el Último, ascienden como humo de incienso, y esto nos da una clara idea de que lo primero que debemos hacer cuando nos despertamos, es elevar nuestras oraciones al Eterno.

Si el sacrificio representa el perdón de nuestros pecados, y la oración no debe ser egoísta, nos queda una sola opción para orar antes que cualquier otra cosa: La oración de agradecimiento al Uno Santo por todas las bendiciones que hemos recibido.

Empecemos, pues, el día dando gracias al Creador del Universo.

NÚMEROS

Y se enojó Moisés contra los capitanes del ejército. (Números 31:14)

Resh Lakish dijo: "Un hombre que se enoja, si es un sague, su sabiduría le dejará, y si es un profeta, su poder profético le abandonará."

"La primera instancia está ilustrada por el caso de Moisés, como dice el citado versículo, que se enojó contra los oficiales, y más adelante, en Números 31:21 dice:

Y el sacerdote Eleazar dijo a los hombres de guerra que venían de la guerra: Esta es la ordenanza de la ley que YHVH ha mandado a Moisés.

"De aquí inferimos que Eleazar dijo esto porque Moisés lo había olvidado. La segunda instancia es ilustrada por el caso del profeta Eliseo, que en 2 Reyes 3:14 dice:

Y Eliseo dijo: Vive YHVH de los ejércitos, en cuya presencia estoy, que si no tuviese respeto al rostro de Josafat rey de Judá, no te mirara a ti, ni te viera.

"Mientras que en el siguiente versículo dice:

Mas ahora traedme un tañedor. Y mientras el tañedor tocaba, la mano de YHVH vino sobre Eliseo.

"Donde concluimos que su poder le abandonó y pudo restaurarse solamente mediante la ayuda de un músico."

Rabbi Mani bar Patish dijo: "Si un hombre se enoja, aún si ha sido predestinada para él grandeza, no se le garantiza esa grandeza, ¿y cómo sabemos esto? Del caso de Eliab, como en 1 Samuel 17:28 está escrito:

Y oyéndole hablar Eliab su hermano mayor con aquellos hombres, se encendió en ira contra David y dijo: ¿Para qué has descendido acá? ¿y a quién has dejado aquellas pocas ovejas en el desierto? Yo conozco tu soberbia y la malicia de tu corazón, que para ver la batalla has venido.

"Y también está escrito que cuando Samuel fue a ungir a uno de los hijos de Isaí por rey, y le trajeron a los otros hijos de Isaí, en 1 Samuel 16:8-9 dijo:

Tampoco a éste ha escogido el Señor.

"Mientras que respecto de Eliab escribe en el versículo 7:

Y YHVH respondió a Samuel: No mires a su parecer, ni a lo grande de su estatura, porque yo lo desecho.

"De donde concluimos que el Señor intentó ungir a Eliab previamente, pero como se enojó, el Eterno lo rechazó."

(TP, Capítulo VI, Mishná I)

COMENTARIO

El rabino Pablo nos manda en Efesios 4:31, que: *"quitemos de nosotros todo enojo, ira, gritería y maledicencia."* Si bien es cierto que el hombre por naturaleza tiende a desbordarse a veces por sentimientos de enojo, la exhortación al creyente es la de mostrar el lado más noble del ser humano.

Todos estamos llamados a controlar nuestra ira, con un énfasis especial en las personalidades públicas, porque deben ser ejemplo a seguir en toda conducta, ya que los ojos de sus congregantes siempre están al pendiente de cada una de sus acciones. Un líder malhumorado y explosivo perderá credibilidad y respeto delante de su grupo.

Creo que todos en algún momento hemos transgredido nuestros cabales y nos hemos excedido en nuestras formas de mostrar desacuerdo. Entonces debemos reconocer que hemos fallado y pedir al Ahubó, al Amado, que nos ayude con nuestro mal carácter, porque solamente el verdadero cambio en acciones y actitudes puede reconciliarnos con aquellos a quienes hemos defraudado.

DEUTERONOMIO

Oye, Israel: Adonai nuestro Señor, Adonai uno es. Y amarás a Adonai tu Señor de todo tu corazón, y de toda tu alma, y con todas tus fuerzas. Y estas palabras que yo te mando hoy, estarán sobre tu corazón.
(Deuteronomio 6:4-6)

Los habitantes de Jericó tenían por costumbre hacer seis cosas; tres de las cuales eran contrarias a los deseos de los sagues y tres eran sancionadas por los sagues.

Las siguientes eran sancionadas por los sagues: Trasplantaban palmeras todo el día de 14 de Nissan; Leían la oración del Shema, citada en los versículos mencionados, adicionando un verso más, y la leían sin interrupción; Amontonaban el maíz nuevo antes de hacer el cálculo de la primera ofrenda.

Las siguientes eran contrarias a los deseos de los sagues:

Utilizaban las plantas cercanas a los árboles consagrados; Comían fruta en Shabbath que había caído de los árboles ese mismo día; Permitían que las hierbas permanecieran en los campos. Todo esto era contrario al deseo de los sagues.

¿Cómo adicionaban un verso más a la oración del Shema?

Dice rabbi Yehuda: "Recitaban el citado pasaje sin interrupción alguna, sin hacer caso de las comas, añadiendo el: —Y estas palabras que te mando hoy estarán en tu corazón—."

Dice Rabha: "Lo que pasa es que ponían más énfasis en la parte de la oración donde dice: —en este día—, de modo que cuando se escuchaba, uno pensaba que la intención del pasaje bíblico era que esas palabras estuvieran ese día, pero no el día siguiente."

De acuerdo a rabbi Meir: "No hacían un énfasis lo suficientemente largo al decir que —Adonai uno es—, de modo que se mediara entre el poder del Eterno en los cielos y en la tierra y en todas las direcciones."

Rabbi Yehuda dice: "Ellos sí hacían esa interrupción, pero no adicionaban las palabras de bendición que dicen: —Bendito sea el Nombre del honor de su reino ahora y por siempre—, que debía insertarse al final del verso uno."

¿Y por qué recitaban esos versos adicionales si no están presentes en las Sagradas Escrituras?

Dijo rabbi Shimeón ben Lakish: "Porque cuando se reunieron los hijos de Jacob alrededor suyo les dijo que les revelaría lo que sería de cada uno en los últimos días, lo que significa que Jacob deseaba revelarles cuándo ocurriría el final de los tiempos. Pero cuando estaba a punto de hacerlo, la Shekhiná lo dejó, y comenzó a temer que delante de sus hijos fuera una persona indigna, como le sucedió a Ismael el hijo de Abraham y a Esaú el hijo de Isaac."

"Así que sus hijos le dijeron: —Oye, oh Israel, Adonai nuestro Señor, Adonai uno es—. Luego le dijeron: —Padre, en tu corazón hay un sólo Señor—."

"Tan pronto como nuestro padre Jacob escuchó esto, abrió su boca y dijo: —Bendito sea el nombre del honor de su reino por toda la eternidad—."

Los sagues entonces empezaron a deliberar si debía decirse o no, porque decirlo no estaría de acuerdo con las palabras de Moisés, que no utilizó este versículo, mientras que no decirlo sería como tener en poco a Jacob, así que decidieron decirlo pero de forma inaudible."

Dice rabbi Yitzhak: "Los discípulos de rabbi Ami comparan esto con la siguiente parábola: —La hija del rey, oliendo las ricas especies que se cocinan, quisiera probar un poco, pero si ordena a los sirvientes que le traigan la comida, se expondría a sí misma al ridículo, mientras que no probar la comida sería esperar hasta que la sirvan, así que sus sirvientes le traen un poco a escondidas, de modo que nadie se da cuenta—."

Dice rabbi Abahu: "En Usha, donde había un grupo de la secta de los Minim, también conocidos como Cristianos, se ordenó que el verso adicionado a la oración del Shema se proclamara en voz alta, de modo que los adherentes a esa secta no dijeran que cuando se pronunciaba el verso en voz baja, se estaba alabando a otra deidad."

"Sin embargo, en Neherdai, donde no había Minim o Cristianos, aún en nuestros días el versículo añadido se dice en voz baja."

Dice rabbi Meir: "Pero los habitantes de Jericó también hacían otras cosas contrarias a los deseos de los sagues: Abrían brechas en las cercas de sus jardines y de sus viñedos durante los tiempos de hambruna, de modo que los pobres entraran y comieran el fruto que caía de los árboles en Shabbath y en los festivales; Además utilizaban plantas cercanas a los árboles sicómoros."

Le dice rabbi Yehuda: "Si dices que las primeras cosas las hacían con la sanción de los sagues, entonces se asume que todos los hombres lo hacían y que los sagues lo permitían: Deberías mejor decir que los sagues no los previnieron de hacer las primeras tres cosas, pero no que los sancionaban."

"Además, ¿no sabías que amontonar el maíz nuevo antes de hacer el cálculo de la primera ofrenda es permitido? porque así nos fue enseñado en la Mishná."

Los rabinos enseñaron: "Ben Buhain permitía que las hierbas permanecieran en los campos."

"Un día cuando su padre llegó vio a un pobre hombre de pie con un ramo de hierbas a la entrada del jardín, entonces le dijo: —Deja esas hierbas y te daré el doble de su valor en maíz una vez que haya hecho el cálculo del diezmo, y no te digo esto porque esas hierbas tengan valor alguno, sino porque los sagues no nos permiten dejar hierbas en los campos—."

(TP, Capítulo IV, Mishná V)

COMENTARIO

Las costumbres locales tenían algunas variantes dependiendo del lugar donde hubiera alguna comunidad judía. Las variantes en estas costumbres eran tan marcadas, que ciertas prácticas incluso confrontaban algunos mandamientos establecidos en el Antiguo Testamento o las reinterpretaciones talmúdicas, de modo que merecían algún tipo de sanción, mientras que otras eran permitidas, aunque no fuera del completo agrado de los sagues.

Esto se parece a nuestras vidas después de haber conocido el Camino de la Resurrección, donde algunas congregaciones permiten cierto tipo de prácticas, como escuchar música del artista de moda, vestirse con cierto tipo de ropa, o realizar algunas actividades que para otras congregaciones es totalmente prohibitivo.

Ante estas disyuntivas, debemos cotejar cualquier práctica congregacional con lo que dicen las Sagradas Escrituras y corregir las prácticas que nos desvíen del camino de la Salvación, pero ser tolerantes con aquellas que no representan ningún peligro para nuestra fe.

En el caso de esta historia talmúdica, en la que los habitantes de Jericó violentaban el mandamiento de Levítico 19:19, donde se prohíbe explícitamente sembrar los campos con mezclas de semillas, comprender que fue realizado pensando en los pobres que no saben distinguir entre las plantas que nos alimentan y las hierbas, nos hace ver desde una perspectiva más humana el tropel de observancias del Antiguo Testamento.

Por otra parte, la mención del término *Minim*, que se traduce como "hereje," haciendo referencia al cristianismo, y el respeto que existía entre los distintos representantes del rabinismo talmúdico, es la prueba más cierta de que cristianismo y judaísmo no mostraban ninguna discordia de importancia en sus comienzos, sino que realmente eran parte de un mismo pensamiento hebraico, una misma raíz que nos debería unir en su nodo más importante, en el de Yeshúa HaMashíaj, o como dijera el rabino Pablo en Efesios 4:5: *"un Adón, una fe, una sola inmersión en agua."*

Pan de aflicción.
(Deuteronomio 16:3)

Rabba bar bar Hana dijo en el nombre de rabbi Yohanan, citando a rabbi Yehuda bar Ilayi: "Es mejor comer cebollas y sentarse en paz en su casa, que gansos y pollos, que pueden tener un buen sabor, pero que eres incapaz de agradecer por ello. Reduce la calidad de tus alimentos, si es necesario, para que incrementes la calidad de tu vivienda."

Cuando Ula vino de Palestina, dijo: "Hay un dicho en Palestina para esta enseñanza: —Aquel que come la gordura de la cola de un carnero debe esconderse de sus acreedores en un altar, pero quien se llena con hierbas, se puede sentar en el centro del mercado a los ojos de todos—."

Samuel dijo: "Está escrito en el citado versículo, *Lehem* (כֹזם) *Oni* (עֹנִי), —Pan de Aflicción—, y *Oni* (עֹנִי) también puede traducirse como —Proclamando—, de modo que se le debía llamar al pan: —Pan de Proclamación—, es decir, el pan sobre el cual deben hacerse las proclamaciones."

Pero también hemos aprendido en otra Boraitha un estatuto suplementario que dice: "*Oni* (עֹנִי) también puede traducirse como —pobre—, y es que la bendición que corresponde para comer un pedazo de pan sin levadura debe hacerse a la usanza de los pobres."

(TP, Capítulo X, Mishná II)

COMENTARIO

En una ocasión tomé un taxi en la ciudad de México, la urbe donde vivo, y cuando comencé a platicar con el chofer, me dijo que él no ahorraba para el futuro, que el dinero que tenía a la mano, mucho o poco, todo lo invertía en comida. Cuando me bajé del taxi me quedé pensando cuánta gente tendría las mismas convicciones de este hombre, que desilusionado por la depauperación, y creyendo que la vida era fugaz, no podía ver más allá del presente.

Ciertamente, una visión a corto plazo nos llevará a disfrutar de la vida también a corto plazo. Cuando pensamos a futuro y comenzamos a planificar ese futuro, nos ahorraremos muchos dolores de cabeza cuando lleguemos a la ancianidad.

Este consejo es muy aplicable sobre todo en el caso de personas que no tienen garantizada una pensión: Mientras tengan ingresos, pocos o muchos, una parte de esos ingresos deben destinarse al ahorro, sobre todo para hacerse de un patrimonio, de tal suerte que cuando lleguemos a la vejez, no tengamos la triste necesidad de vivir de la caridad de parientes que no tienen la obligación de mantenernos.

Y te alegrarás en tus fiestas solemnes.
(Deuteronomio 16:14)

Los rabinos enseñaron: "Es el deber de cada hombre que se regocijen sus hijos y los que están en su casa durante un festival, como está escrito en el citado versículo."

(TP, Capítulo X, Mishná I)

COMENTARIO

Las fiestas judías tienen como finalidad dar cohesión a la sociedad. Cada fiesta está ligada a un momento diacrónico importante en el desarrollo histórico del pueblo de Israel, por lo que se trata de guardar vivo el recuerdo de acontecimientos que ocurrieron hace miles de años.

La historia del pueblo hebreo es la historia de la humanidad completa, porque desde el nacimiento del primer hombre hasta el advenimiento de Yeshúa HaMashíaj, es una misma historia universal: Cómo el Eterno preparó el camino para que por medio de su Hijo pudiéramos ser salvos.

De modo que las fiestas son el reloj celeste, que pauta a pauta marca los momentos decisivos de las kratofanías cósmicas, es decir, de las intervenciones divinas en la historia de la humanidad.

Recordar las fiestas judías, sobre todo aquellas que celebraba el Mashíaj, y regocijarnos con nuestros hijos mientras las celebramos, es una manera de entender el tiempo divino en nuestras vidas.

Perfecto serás delante de YHVH Adonai.
(Deuteronomio 18:13)

Rabba bar bar Hana dijo en el nombre de rabbi Samuel bar

Martha, citando a Rabh en la autoridad de rabbi Yoséf el hombre de Hutzal: "¿Cómo sabemos que un israelita no debe consultar astrólogos? Por lo que está escrito en el citado versículo de Deuteronomio: —Perfecto serás delante del Señor—, que significa que la confianza perfecta debe estar puesta en el Señor."

"¿Cómo sabemos que si un hombre está convencido de la superioridad de su vecino, aunque sea en algún punto solamente, debe respetarlo? Por el pasaje que en Daniel 6:3 dice:

Porque había en él un espíritu superior, y el rey pensó en ponerlo sobre todo el reino.

(TP, Capítulo X, Mishná I)

COMENTARIO

Cualquier consulta a horóscopos, lectura de manos, tarot, ouija, u otras prácticas que a veces nos parecen inocentes, es una manera de hacer pactos, consciente o inconscientemente, con fuerzas espirituales malignas.

Y es que cualquier tipo de práctica mágica traerá en sí misma una carga psíquica y ataduras demoniacas que pueden repercutir en la vida espiritual de una persona por muchos años, trayendo enfermedad, miseria y agonía.

En contraste con el ejemplo del Rúaj Yatirá, del Espíritu Superior que tenía Daniel, que es el Espíritu de Adonai, el cual revela todas las cosas espirituales cuando se las preguntamos.

Sólo por el testimonio de dos o tres testigos se mantendrá la acusación.
(Deuteronomio 19:15)

Tres cosas mandó rabbi Ishmael bar rabbi Yoséf a Rabbi: "No debes mancharte tú mismo, lidiando con tres hombres, de los cuales uno te demandará en una corte y los otros dos servirán como testigos en tu contra, porque ciertamente perderás contra ellos."

"No discutas sobre el precio de una cosa si no tienes el dinero para llevártela contigo."

"En la noche cuando tu esposa regresa del baño ritual no tengas nada que ver con ella."

Dice Rabh: "Esto hace referencia a una mujer que ritualmente se ha contaminado de acuerdo a algún mandamiento bíblico, pero no a una que ritualmente se ha contaminado de acuerdo a algún mandamiento rabínico, porque en el primer caso, estando contaminada por siete días, hay peligro de que recaiga en su contaminación, mientras que en el último, cuando ha estado contaminada por catorce días, no existe este riesgo."

(TP, Capítulo X, Mishná I)

COMENTARIO

Evitar una pelea es lo mejor que puede hacer un ser humano, cuánto más cuando se trata de una pelea donde la desventaja numérica nos preve una derrota, como dice Lucas 14:32, que: *"enviemos emisarios pidiendo condiciones de paz cuando nuestro enemigo es superior."*

En el segundo caso, recuerdo una historia que me sucedió en la Ciudad Vieja de Jerusalén una vez que regateaba por un anillo de oro, y no estando seguro de su precio, le dije al mercader que iría a rectificar precios a otras joyerías. Cuando vi los precios en el centro de la Ciudad Nueva, regresé al otro día a comprar el anillo, pero el hombre se negó de manera ruda a vendérmelo.

En Israel, como en el resto de Medio Oriente, el regateo es un estilo de vida. En Egipto, por ejemplo, los comerciantes llegan a rebajar hasta ochenta por ciento el precio inicial. Sin embargo, este estilo de vida tiene reglas básicas: En el momento en que se llega a un acuerdo, debe pagarse el precio, porque de otra manera no se volverá a respetar el precio y llega a suceder como me sucedió a mí, que se nieguen a vender el producto por cuestiones de honor.

El baño ritual ponía fin a un período de inmundicia de la mujer, sin embargo, siendo que no existían los antibióticos en aquel entonces, se debía tener la máxima precaución de que la mujer estuviera totalmente libre de alguna enfermedad que luego trajera consecuencias nefastas para el matrimonio.

Entonces haréis a él como él pensó hacer a su hermano. (Deuteronomio 19:19)

El Santo Uno, bendito sea, ama a tres tipos de personas: Aquellos que nunca se enojan; Aquellos que nunca se intoxican; Aquellos que no insisten en que tienen la razón.

Sin embargo, el Señor odia a estos tres tipos de personas: Al que habla una cosa con su boca pero piensa otra en su corazón; El que puede testificar en favor de un hombre, pero no lo hace; Aquel que ve a otro haciendo el mal y testifica en su contra en público, sabiendo que el testimonio de un solo hombre no es suficiente para condenarlo.

Sucedió una vez que cierto hombre de Tubia pecó. Un tal Zigud vino a rabbi Papa y testificó en contra de Tubia.

Rabbi Papa ordenó que Zigud fuera castigado, pero éste replicó: "Tubia pecó, ¿Zigud es castigado?"

Entonces rabbi Papa respondió: "Sí, por lo que está escrito en el citado verso: —Haréis como pensó hacer a su hermano—, además, tú eres un solo testigo en contra de Tubia, de modo que tu testimonio no es de valor y solamente calumnia a un hombre."

(TP, Capítulo X, Mishná I)

COMENTARIO

Se exhorta a tres buenas cosas: A controlar el mal carácter, que es una verdadera empresa. Santiago 3:2 nos dice que: *"aquel que no ofende de palabra, es un varón perfeccionado, capaz de poner en sujeción a todo el cuerpo."*

También se nos amonesta a mantenernos sobrios, y es que el término intoxicación debíamos ampliarlo no sólo a la ingesta de bebidas embriagantes, sino al consumo de drogas y de otras sustancias que nos llevan fuera de la realidad. A veces nos parece que el Eterno hizo un mundo crudo, que es difícil de sortear, pero cuando nos esforzamos por salir adelante sin ningún tipo de sustancia, vemos que en realidad es un mundo hermoso.

En tercer lugar, nos alienta a escuchar, y es que he impartido seminarios y cursos varias veces, y si alguna queja tengo, es hacia los alumnos que están imposibilitados para aprender algo nuevo creyendo que lo saben todo. Siempre se trata de la gente que aprende menos.

Finalmente, si no tenemos prueba en contra de alguien, es mejor guardarnos nuestras acusaciones, creyendo que existe una ley divina que pondrá todo en orden.

Mas si un hombre hallare en el campo a la joven desposada, y la forzare aquel hombre, acostándose con ella, morirá el hombre que se acostó con ella, pues como cuando alguno se levanta contra su prójimo y le quita la vida, así es en este caso.
(Deuteronomio 22:26)

Cuando Rabhin llegó de Palestina, dijo en el nombre de rabbi Yohanan: "Con cualquier cosa está permitido que uno se cure, excepto cuando se utilizan medios de idolatría, adulterio y derramamiento de sangre."

Por medio de idolatría es fácil de comprender.

Por medio de adulterio y derramamiento de sangre, como hemos aprendido en una *Boraitha*, donde Rabha dijo: "Como está escrito en el citado versículo, donde la violación a una joven desposada virgen es igual al homicidio, y concerniente al homicidio está dicho en otra parte que si un hombre mata, debe ser muerto, lo mismo concerniente a una joven desposada virgen, que prefiere ser asesinada antes de ser violada por un hombre."

(TP, Capítulo II, Mishná I)

COMENTARIO

Utilizar medios alternativos a la medicina convencional para buscar una cura a nuestras enfermedades no tiene nada de malo: La medicina tradicional mexicana, por ejemplo, cuenta con un sinnúmero de hierbas que curan desde enfermedades renales hasta el tartamudeo. Sin embargo, utilizar las hierbas con mezcla de idolatrías, de sacrificios de animales y de otras prácticas de brujería, es abominable delante de Adonai.

Para el tiempo en que se escribió el Talmud, la consulta de prostitutas sagradas, como lo menciona Deuteronomio 23:17 con el término hebreo *kadesha* (קְדֵשָׁה), era una práctica común; Se inquiría a la mujer oráculo mientras se entablaban relaciones sexuales con ella; El templo de Artemisa en Éfeso, que albergaba más de mil prostitutas sagradas, es una realidad arqueológica. Además de ser requeridas como oráculos, se prefería a las vírgenes creyendo que tenían alguna capacidad curativa.

Sin embargo, la reflexión del Talmud va más allá de la simple cura de las enfermedades, sino que nos hace recapacitar en el valor de la virginidad antes del matrimonio, valor que ha sido casi extirpado de la sociedad, y digo casi, porque es nuestro deber moral inculcar a nuestras hijas que la sexualidad es una bendición siempre y cuando se practique en la santidad del matrimonio. También debemos enseñar a nuestros hijos a respetar a las mujeres como *"vaso más frágil"* según la descripción de 1 de Pedro 3:7.

No podrá su primer marido, que la despidió, volverla a tomar para que sea su mujer, después que fue envilecida, porque es abominación delante de YHVH.
(Deuteronomio 24:4)

Los rabinos enseñaron: "Los tres siguientes aman a los de su propio tipo: "Prosélitos, esclavos y cuervos."

"Los siguientes cuatro son insufribles a los sentidos de un hombre: Un hombre pobre que es vano; Un hombre rico que constantemente dice mentiras; Un viejo con lascivia; El presidente de una congregación que se considera superior a todos los demás sin ninguna causa."

Otros dicen: "También aquel que se divorcia primeramente de su esposa, se casa, se divorcia de la segunda y se vuelve a casar con la primera."

Los rabinos enseñaron: "Las siguientes tres especies odian a las de su propio tipo: los perros, los gallos y los persas adoradores del fuego."

Otros decían: "Las prostitutas que se odian unas a otras."

Otros más decían: "Un estudiante de la Toráh que odia a los otros estudiantes."

Los rabinos enseñaron: "Los siguientes tres tipos de hombres no viven una vida digna: Aquellos que tienen demasiada piedad con los inoportunos; Aquellos que se excitan con facilidad; Aquellos que son demasiado fastidiosos."

Dice rabbi Yoséf: "Yo combino en mí esos tres defectos."
(TP, Capítulo X, Mishná I)

COMENTARIO

A veces emitimos juicios sin darnos cuenta de que somos iguales o peores que la gente a la que juzgamos. Eso nos convierte en religiosos e hipócritas, con una falsa moral.

Somos hombres con muchos defectos de carácter en la búsqueda por convertirnos en mejores seres humanos, tal y como decía el rabino Pablo en Filipenses 3:13, aceptando que ni era perfecto ni pretendía haber alcanzado la perfección, sino que: *"se extendía a lo que estaba delante de él."*

Dejemos la moralina y hagamos un análisis introspectivo para analizar concienzudamente las cosas que podemos cambiar en nosotros mismos.

Y sacrificarás ofrendas de paz, y comerás allí, y te alegrarás delante de YHVH Adonai.
(Deuteronomio 27:7)

Hemos aprendido en una Boraitha que rabbi Yehuda ben Bathyra dijo: "Cuando todavía existía el Templo, no había mejor modo de regocijarse que comiendo carne, como dice el citado versículo; pero ahora que no hay Templo, el vino es el principal medio de regocijo, como en el Salmo 54:15 está escrito:

Y el vino que alegra el corazón del hombre.
(TP, Capítulo X, Mishná I)

COMENTARIO

La presencia del Sar HaJaím, del Gobernador de Vivos, es comparable a la embriaguez, como el libro de los Hechos 2:15 dice, que la gente pensó que los discípulos de Yeshúa HaMashíaj estaban borrachos cuando su Rúaj Hakodesh, cuando su Espíritu Santo, vino sobre ellos.

Por supuesto que aunque su presencia es comparable a una borrachera, en realidad se trata de una sensación mucho más sutil y espiritual, donde además el fiel siempre está en control de la situación, y que conjuntamente termina en el momento en que el devoto se desconcentra de lo que está haciendo.

Alabando al Creador del Universo con regocijo, orando y viviendo una vida de santidad podremos experimentar lo que

me atrevo a llamar, la borrachera espiritual, es decir, la llenura de la presencia del Uno Santo y de su Rúaj.

Cuando Moisés nos ordenó una ley, como heredad a la congregación de Jacob.
(Deuteronomio 33:4)

Rabbi Hiya enseñó: "Un hombre que se ocupa a sí mismo en el estudio de la Toráh en la presencia de gente común, evoca tanto odio de esa persona como si le hubiera robado a su prometida."

"Y es que de acuerdo al citado versículo, no debemos leer *morasha* —heredad— (מוֹרָשָׁה), sino meerá —maldición— (מְאֵרָה)."

"Y es que la enemistad de una persona común hacia un académico es más intensa que la de quienes odian a los israelitas, y más intensa que la de las esposas frente a sus rivales."

"Una *Boraitha* dice que una persona que fue un académico y después renuncia a sus estudios, y se convierte en un hombre común, es todavía peor que si hubiera sido completamente ignorante."

(TP, Capítulo II, Mishná I)

COMENTARIO

Buscando un fundamento bíblico para entender por qué los que estudian las Escrituras se vuelven el blanco de los ataques de los demás sin razón aparente, el rabino Hiya vincula este odio al momento mismo de recibir la Toráh.

Como mencionaremos en la sección del Nuevo Testamento de este manuscrito, el hombre de Adonai que estudia las sagradas Escrituras se atrae el odio de los demás porque en el plano espiritual el diablo hará lo posible por acabar con el crecimiento moral del individuo. El hecho es que tan pronto como una persona busca el Camino de la Salvación, la oposición se encontrará dentro de su mismo hogar, como bien dice Mateo 10:36. Después los amigos se irán alejando hasta dejar al individuo solo.

Mateo 12:49 dice que los que hacemos la voluntad del Padre somos hermanos, hijos y padres de nuestro Adón, de modo que acceder a la nueva familia de la fe se logra asistiendo a nuestras congregaciones, porque es en las comunidades donde encontraremos a nuestros hermanos, a nuestros padres, a nuestros hijos y a nuestros verdaderos amigos.

JUECES

Las aldeas quedaron abandonadas en Israel, habían decaído, hasta que yo Débora me levanté, me levanté como madre en Israel.
(Jueces 5:7)

Se le hizo la siguiente pregunta a Hillel: "¿Cuál es el mandamiento para el hombre que ha olvidado traer su cuchillo para degollar el cordero el día que precede al Shabbath?"

Respondió Hillel: "He escuchado la Halajá, pero la he olvidado. Deja que los israelitas hagan lo que mejor les parezca, porque aunque no son profetas, sí son hijos de profetas, y sabrán lo que deben hacer."

A la mañana siguiente notó que aquellos que habían traído ovejas como sacrificio, habían atrancado el cuchillo entre la lana de la oveja, y aquellos que habían traído cabras como sacrificio habían atorado el cuchillo en los cuernos.

Entonces recordó la Halajá acerca de este caso y exclamó: "Esta es la tradición que había recibido de mis maestros Shemaia y Abtalion."

¿Pero traer el cuchillo enredado en la lana de la oveja no constituye un acto de trabajo prohibido porque se está obrando con un animal consagrado?

Esto es de acuerdo a la costumbre de Hillel, aunque en este tiempo no se cometió una sola transgresión con animales consagrados, porque él instituyó la costumbre de traer el animal sin consagrar hasta los atrios del Templo, y consagrarlos una vez que estaban en los atrios.

Los siguientes actos necesarios para el sacrificio de la ofrenda pascual están por encima de la observancia del Shabbath, a saber: El degollamiento de los animales; La aspersión de la sangre; El sacarle las entrañas y la quema de la grosura con incienso.

Sin embargo, el rostizar el sacrificio, así como limpiar las entrañas no están por encima del Shabbath.

¿Pero solamente el sacrificio de la Pascua está por encima del Shabbath? ¿No hay más de doscientos sacrificios que están por encima del Shabbath? A saber: los sacrificios que se ofrecen dos veces durante el Shabbath y los dos sacrificios adicionales que son traídos especialmente durante el Shabbath.

Dijo rabbi Yehuda en el nombre de Rabh: "Hillel, después de reprocharle a la gente y vanagloriarse de su grandeza, admitió haber olvidado una Halajá concerniente a la Pascua."

"Aquel que es arrogante, si es uno de los sagues, su sabiduría le deja, y si se trata de un profeta, el poder de profecía le abandona."

"De que le abandona el poder de profecía, se infiere del caso de la profetiza Débora, tal y como está escrito en el citado verso, donde ella se levantó como madre de Israel, mientras que más adelante, en Jueces 5:12 dice:

Despierta, despierta, Débora

"De donde se concluye que su poder le dejó, porque de otra manera no habría sido necesario amonestarla para que se despertara."

(TP, Capítulo VI, Mishná I)

COMENTARIO

El sacrificio pascual, tanto para el pueblo de Israel como para los seguidores del Camino de la Salvación, deviene en una importancia tan fundamental que el rabino Pablo en la 1 Corintios 11:29 escribió que quien come y bebe indignamente, sin discernir el cuerpo de Yeshúa HaMashíaj, juicio come y bebe para sí.

Por esta razón, Hillel quería proteger al pueblo de atraerse maldición al realizar en Shabbath una obra que estaba prohibida: Cargar ellos mismos los cuchillos para degollar. Entonces manda consagrar al animal de sacrificio en los atrios del Templo.

Sin embargo, esta decisión es entendida por algunos de sus contemporáneos como algo arrogante, porque defienden la postura de que el Shabbath es transgredido de cualquier manera por el mandato bíblico establecido en Éxodo 29:39, donde se instituye el sacrificio de dos corderos, uno por la mañana y otro por la tarde.

Que el pueblo supiera qué hacer a pesar de que su guía hubiera errado el consejo, nos indica claramente que la misericordia del Rúaj Jojma, del Espíritu de Sabiduría, permanecía sobre el pueblo de Israel.

Esto, sin lugar a dudas, es un gran alivio para todos los fieles que acuden a lugares donde a pesar de que se predica la sana doctrina, los líderes pudieran fallar en algún tipo de consejería. El Rajúm, el Misericordioso, tendrá piedad del fiel que recibe un mal consejo.

Pero también nos enseña que debemos cotejar con las

Escrituras cualquier palabra que se nos diga, ya sea por parte de un líder nuevo que tiene poca experiencia en el manejo de las citas, o por un líder versado, porque ninguno está libre de equivocación.

Los triunfos de sus aldeas en Israel.
(Jueces 5:11)

Rabbi Oshiya dice que el citado versículo debe leerse como: "—Los beneficios conferidos a Israel por haber sido esparcidos entre las naciones—."

Esto de acuerdo con lo que un oficial romano le dijo a rabbi Hanina: "Nosotros somos mejores personas que ustedes, porque en 1 Reyes 11:16 dice acerca de ustedes:

Porque seis meses habitó allí Joab, y todo Israel, hasta que hubo acabado con todo el sexo masculino en Edom.

"Mientras que nosotros los romanos, que los hemos dominado por tanto tiempo, no los hemos destruido."

Le dijo rabbi Hanina: "¿Permitirías que uno de mis discípulos argumentara contigo?"

Como el oficial romano aceptó, rabbi Oshiya llegó y le dijo: "La única razón por la cual no han destruido a Israel, es porque ustedes no sabrían cómo hacerlo."

"Si quisieran destruir a todos los judíos, sería imposible, porque hay gran número que está más allá de sus dominios; Si quisieran destruir a aquellos que habitan entre ustedes, serían llamados Dominio Acortado, porque les faltaría una nación."

El oficial respondió entonces: "Juro por los dirigentes de Roma que cuando se delibere sobre este asunto, empezaremos y terminaremos con ese argumento."

(TP, Capítulo VIII, Mishná I)

COMENTARIO

Cuando el Kedósh Israel, el Santo de Israel, esparció al pueblo hebreo entre las naciones, de acuerdo a esta historia del Talmud, lo hizo con la finalidad específica de mantener su estirpe viva en todo el globo terráqueo, para que una persecución nacional o mundial no pudiera acabar con su pueblo.

Esta persecución ocurrió tristemente en la Segunda Guerra Mundial, cuando el régimen nazi quiso eliminar a todos los judíos, primero de Alemania, pero también de toda Europa. La cifra de judíos muertos por este genocidio asciende a los doce millones. De acuerdo a las investigaciones en Yad Vashem, el museo donde se conmemora este hecho en Jerusalén, y que sistematiza los asesinatos con nombre y apellido, se tiene registro de seis millones de asesinados, sin embargo, se calcula que perdieron la vida otros seis millones más, cuyos nombres fueron eliminados por los nazis.

El actual Estado de Israel, con sus más de siete millones de israelíes, y las grandes comunidades judías en Francia y en Estados Unidos, que rebasan los ocho millones de judíos cada una, son la prueba innegable de que la dispersión y el exilio del pueblo de Israel sirvió como una estratagema divina para mantener con vida a los descendientes de los profetas y al pueblo que lleva en su sangre el ser descendientes del Mashíaj.

SAMUEL

Por tanto, yo he jurado a la casa de Elí que la iniquidad de la casa de Elí no será expiada jamás, ni con sacrificios ni con ofrendas.
(1 Samuel 3:14)

Los rabinos enseñaron: "Antiguamente las pieles de los animales sacrificados eran dejadas en la cámara de Paryah. Por la noche los sacerdotes que ministraban durante la semana se repartían las pieles entre ellos."

"Sin embargo, el más poderoso de entre los sacerdotes se apropiaba de más pieles de las que le correspondían."

"Por esto fue ordenado que la división se hiciera en la tarde antes de que entrara el Shabbath en la presencia de veinticuatro guardas del Templo."

"A pesar de esto, los sacerdotes más poderosos continuaban apropiándose de más pieles de las que les correspondían."

"Como consecuencia de estos actos, las personas que traían sus sacrificios al Templo decidieron que mejor se vendieran las pieles y se comprara con el dinero obtenido oro para recubrir el Templo. Se dice que no pasó mucho tiempo para que el Templo entero se cubriera con discos de oro del grueso de un denario."

"Durante las fiestas solemnes, estos discos se colocaban en el Monte del Templo, de modo que los peregrinos a Jerusalén los pudieran ver, pues estaban tan bien trabajados que nadie los podía falsificar."

⁂

Hemos aprendido en una Boraitha que Abba Shaúl dijo: "Había árboles sicómoros en Jericó que los sacerdotes por fuerza se apropiaban para su uso privado. Como consecuencia los propietarios los consagraron para el uso del Templo."

Respecto a esos abusos y a esos sacerdotes, Abba Shaúl ben Batnith en el nombre de Abba Yoséf ben Hanin decía: "Me aflijo por la casa de Baithos, me aflijo por sus atuendos. Me aflijo por la casa de Kathros y por sus plumas. Me aflijo por la casa de Ishmael ben Piakhi y por sus puños, porque todos ellos eran sumos sacerdotes, sus hijos tesoreros, sus yernos los guardas de las puertas y sus sirvientes nos golpeaban con barras."

⁂

Los rabinos enseñaron que cuatro gritos se oían por parte de la turba en la corte del Templo.

El primero decía: "Váyanse lejos del Templo, ustedes hijos de Elí, que han deshonrado a la casa del Eterno."

El segundo decía: "Deja el Templo, Isacar, hombre de la villa de Barkai." Porque con su arrogancia había desacralizado la santidad del Cielo, y es que se había llenado las manos de seda mientras realizaba sus servicios como sacerdote.

El tercero decía: "Levanten sus cabezas, oh portones, y dejen entrar a Ishmael ben Piakhi, el discípulo de Pinhas y asumir el lugar de Sumo Sacerdote."

El cuarto grito decía: "Levanten sus cabezas, oh portones, y dejen entrar a Yohanan ben Narbayi y llenar su estómago con los sacrificios." De Yohanan ben Narbayi se decía que su gran familia consumía trescientos terneros, trescientas jarras de vino, y cuarenta kilos de palomas pequeñas para el postre después de sus alimentos. También se decía que durante su administración como Sumo Sacerdote, nunca sobraba nada de los sacrificios de un día para el siguiente."

✷

¿Cuál fue el final de Isacar, el hombre de la villa de Barkai? Se dice que una vez el rey y la reina se preguntaban si sería mejor sacrificar una cabra en vez de un cordero.

La pregunta se volvió una discusión tan fuerte que les sugirieron que la respuesta la diera el Sumo Sacerdote, que en esos tiempos era Isacar, el hombre de la villa de Barkai, quien ciertamente sabía qué era lo mejor, pues ofrecía sacrificios todos los días. Cuando fue llamado, se frotó las manos y dijo: "Si fuera una cabra lo mejor, se usaría para el sacrificio diario, y sabemos que solamente se puede utilizar el cordero."

Le dijo el rey: "Como no ha mostrado ningún respeto por el trono al frotarse las manos, sea su mano derecha cortada."

Isacar sobornó a quien ejecutaría la orden del rey, y su mano izquierda fue cortada en vez de la derecha. Cuando el rey escuchó esto, ordenó que se le cortara también la derecha.

Dijo rabbi Yoséf: "Bendito sea el Uno Misericordioso, que castigó a Isacar en este mundo, permitiéndole disfrutar el Mundo Venidero."

Dijo rabbi Ashi: "Isacar nunca aprendió la Mishná de rabbi Shimeón que decía: —Los sacrificios de los corderos son siempre preferibles a los de las cabras, pero se debe inferir que cualquiera de los dos es plenamente aceptable—."

Dijo Rabhina: "Isacar nunca leyó las Escrituras donde se demuestra que una cabra es tan buen sacrificio como un cordero."

(TP, Capítulo IV, Mishná V)

COMENTARIO

No debe sorprendernos que de entre los sacerdotes del Templo hubiera quienes abusaran de su poder e influencias para tomar más de lo que les correspondía. Esto es una constante que sucedió en tiempos del Templo de Salomón, del Templo de Nehemías y del Templo de Herodes. El libro de los Hechos 5:33 denuncia que los sacerdotes se llenaban de envidia de las maravillas que hacían los apóstoles de Yeshúa HaMashíaj. Ante esto, debemos decir que había sacerdotes íntegros, como el *cohen* Zacarías, que es descrito en Lucas 1:5 como *tzadik*, es decir, como justo.

En la primera historia, el abuso se quiere corregir de una manera moral: Cambiar el día cuando se repartían las pieles a la tarde antes de entrar el Shabbath, es un intento fallido de que la sacralidad del día santo al HaGadol, al Grande, redarguya en el corazón de quien debía de ser ejemplo a seguir.

Lo mismo sucede en la segunda historia, el abuso es tan triste que la gente prefiere perder sus árboles a donarlos al Templo, con la esperanza de que los sacerdotes dejen de usarlos para hacerse de ganancias personales.

El tema que se ahonda en la tercera historia nos enseña que la gente se da perfecta cuenta de la buena o mala administración de los diezmos y las ofrendas, y tarde o temprano reclamarán con gritos el uso que se hace del dinero.

Es una verdadera lástima que hoy en día haya líderes religiosos que hacen lo mismo que los sacerdotes corruptos de hace dos mil o dos mil setecientos años, a saber, administrar de una manera incorrecta diezmos y ofrendas.

Lo valioso de esta historia es que nos enseña que cuando invertimos en el Templo del Eterno, y el dinero se administra de manera correcta, este brilla a la distancia.

Debemos volver a hacer hincapié en las palabras de Yeshúa HaMashíaj cuando en Mateo 20:28 dijo que no vino a exigir a que le sirvieran, sino a servir.

En la última historia, nos queda claro que a Isacar le fueron amputadas ambas manos por un asunto político: que se hubiera frotado las manos fue una simple excusa que aprovechó el rey. La verdadera causa había sido no darle la razón. Si Isacar hubiera conocido mejor las Escrituras, podría haber avalado la razón del rey, y no basarse en su conocimiento práctico.

Debemos tener la palabra bíblica en nuestras bocas fresca para cuando demos algún consejo, y la única manera de mantener la palabra viva, es leyéndola.

REYES

Mas ahora traedme un tañedor. Y mientras el tañedor tocaba, la mano de YHVH vino sobre Eliseo.
(2 Reyes 3:15)

¿Quién dijo el Hallel?

Dice rabbi Yoséf: "Mi hijo Elazar dice que Moisés junto con Israel lo dijeron cuando salían del mar, pero sus colegas diferían en opinión, sosteniendo que David lo había dicho; ¿Pero es posible que los israelitas degollaran su ofrenda pascual y tomaran las hojas de palmeras sin cantar una alabanza?"

Los rabinos enseñaron: "Todos los himnos y los cánticos en el libro de los Salmos eran cantados por David para su propio deleite, según el dictamen de rabbi Elazar."

"Pero rabbi Yehoshúa decía que los cantaba para el deleite de toda la congregación."

"Los sagues dicen que algunos eran para sí mismo y otros para la congregación, de modo que aquellos que están en singular eran para él mismo mientras que aquellos que utilizan el plural eran para toda la congregación."

"Así, los Salmos que tienen los términos hebreos *Nitzúaj* (נצוח) alabanza, y *Nigón* (נגן) alabar con instrumentos, estaban destinados para el futuro; Aquellos que contenían el término hebreo *Maskil* (משכיל) hablar en proverbios, eran proclamados a través de un intérprete."

"Mientras que los Salmos que comenzaban con *Mizmor le* David (מזמור) salmo para David, primero se cantaba el Salmo y después venía la Shejiná."

"De todo esto inferimos que la Shejiná no reposa sobre los ociosos, tristes, sarcásticos, difíciles de enseñar, o sobre aquellos que dicen palabras vanas, sino sobre aquellos que se regocijan en el cumplimiento de los mandamientos, como está escrito en el citado versículo: —Y mientras el tañedor tocaba, la mano del Bendito vino sobre Eliseo—."

Dice rabbi Yehuda en el nombre de Rabh: "Lo mismo aplica al estudio de la Halajá."

Rabbi Nahman dice: "Lo mismo aplica a un buen sueño."
(TP, Capítulo X, Mishná IV)

COMENTARIO

Este debate talmúdico comienza con una importancia radial: Preguntándose cuándo se escribieron los Salmos y quién o quiénes fueron sus autores. Los talmudistas del primer siglo comenzaban a vislumbrar lo que para los teólogos actuales es una realidad: Una compilación diacrónica de muchos siglos.

La difícil identificación de la persona que habla es un problema para el correcto análisis de los Salmos. El Salmo 91 por ejemplo, salta de la primera persona del singular a la segunda del singular y luego regresa a la primera persona del singular pero cambiando de pronto al narrador, que en un principio parece ser un simple fiel, y luego se convierte en el

Eterno mismo. Estos saltos de personas, del singular al plural, y los cambios de narrador, complican la lectura de los Salmos y su interpretación. Mucho se ha escrito y especulado sobre este particular, y necesitaríamos escribir un tratado interpretativo acerca de los Salmos. Como se verá en otras interpretaciones en este mismo escrito, los talmudistas se suman a este intento por descifrar y entender los múltiples personajes que aparecen en ellos.

Lo que cuenta, entendamos o no las Sagradas Escrituras en su mayor profundidad, es que guardemos la ley de El Nekamót, de Aquel que es Levantador, y seamos mejores personas, en este caso: Más dóciles para aprender lo bueno y menos ociosos en nuestras palabras, recordando las palabras de nuestro maestro Yeshúa HaMashíaj cuando dijo en Mateo 12:36 que: *"de toda palabra dicha por descuido tendremos que dar cuenta."*

Entonces Ezequías quitó el oro de las puertas del templo de YHVH y de los quiciales que el mismo rey Ezequías había cubierto de oro, y lo dio al rey de Asiria.
(2 Reyes 18:16)

Seis cosas hizo el rey Ezequías, tres de ellas le fueron aprobadas y tres le fueron reprobadas: Hizo que transportaran los huesos de su padre con desperdicios de sogas, y fue aprobado; Rompió la serpiente de bronce en pedazos, y fue aprobado; Guardó en secreto el libro de la medicina, y fue también aprobado.

Las siguientes son las tres cosas en las que reprobó: Quitó el oro de las puertas del Templo y se lo envió al rey de Asiria; Detuvo las aguas del Guihón; Intercaló el mes de Nisán.

Nada de ello fue aprobado.
(TP, Capítulo IV, Mishná V)

COMENTARIO

La grandeza de nuestros gobernantes se refleja en el beneficio que aportan a la ciudadanía. Una crítica justa medirá los puntos positivos y negativos por igual, para saber cuál fue el verdadero impacto de su administración.

Dejemos de lado las posturas partidistas, y centrémonos en la obra social que el dirigente realizó en el pasado, para poder estimar si merece nuestro apoyo en el futuro.

Seamos inteligentes para escoger al mejor líder que represente nuestros intereses y los de nuestra comunidad.

ESTER

Pues así se cumplía el tiempo de sus atavíos, esto es, seis meses con óleo de mirra y seis meses con perfumes aromáticos y afeites de mujeres.
(Ester 2:12)

¿Qué relación existe entre los –atavíos– y la Pascua?

Hay que leer: —la pasta que utilizan las mujeres para maquillarse— en vez de —atavíos—."

Rabbi Yehuda dijo en el nombre de Rabh: "Las hijas de Israel que no han llegado a la pubertad, pero tienen ya barros y espinillas, y por consiguiente se apenan, si son pobres cubren esas imperfecciones con talco, si son ricas con costosos maquillajes y las hijas de las princesas lo hacen con óleos de mirra, como está escrito en el citado versículo: —Seis meses con óleo de mirra y seis meses con perfumes aromáticos—."

(TP, Capítulo III, Mishná I)

COMENTARIO

A veces nos tomamos muy en serio 1 Pedro 3:3 cuando dice que los atavíos no sean los de peinados ostentosos, con adornos de oro, pero se nos olvida que la exhortación es a que seamos mejores personas, con corazones incorruptibles.

Los talmudistas entienden la vanidad de las jovencitas, y les permiten que se vean mejor por medio del uso de maquillajes, cada una de acuerdo a su nivel social, pues esto no afecta de ninguna manera el significado de la Pascua: La liberación del pueblo elegido de Adonai; Para los hebreos su independencia de Egipto, y para los seguidores del Camino de la Fe, la emancipación de las cadenas del pecado por medio de la sangre de Yeshúa HaMashíaj, el Cordero Pascual.

De este modo, mientras se tenga bien claro cuál es el propósito de la celebración, si las jóvenes se maquillan con talcos o con costosos maquillajes, dejémoslas sentirse mejor.

¿Querrás también violar a la reina en mi propia casa? (Ester 7:8)

Sucedió una vez que rabbi Shimeón ben Gamaliel, rabbi Yehuda y rabbi Yoséf estaban sentados en la tarde del Shabbath compartiendo los alimentos en la ciudad de Aku.

Cuando el Shabbath estaba por terminar, rabbi Shimeón ben Gamaliel le dijo a rabbi Yoséf el Grande: "¿Quieres que limpiemos la mesa y actuemos conforme a la opinión de nuestro colega, rabbi Yehuda?"

Replicó rabbi Yoséf: "Normalmente favorecerías mis decretos en comparación con los de rabbi Yehuda, pero ahora que estás en su presencia, favoreces sus decretos en vez de los míos, como dice el citado versículo: —¿Querrás también violar a la reina en mi propia casa—."

Respondió rabbi Shimeón ben Gamaliel: "Es cierto, no

interrumpamos nuestra comida, porque si los discípulos ven esto, lo pondrán como estatuto para las generaciones venideras."

Fue dicho que no dejaron sus lugares hasta que la Halajá prevaleció de acuerdo a la opinión de rabbi Yoséf.

(TP, Capítulo X, Mishná I)

COMENTARIO

El Shabbath es como una novia, de tal suerte que cuando guardamos el día de reposo debe ser un día de placer y de delicia para nosotros, como lo decía Yeshúa HaMashíaj en Marcos 2:27, que: *"el Shabbath fue hecho por causa del hombre, no el hombre por causa del Shabbath."*

Sin embargo, para muchos el día de reposo se convierte en un yugo, pues en vez de disfrutarlo, solamente esperan a que termine para poder emprender sus labores seculares, tal y como lo hacen aquellos que están esperando a que termine el servicio en la congregación para salir disparados y olvidarse del Moshel, del Señoreador y aún de las enseñanzas recibidas.

Esta mala actitud es tan reprobable para los talmudistas, que la comparan incluso al abuso sexual, y es que debemos aprender a disfrutar el tiempo que dedicamos a las cuestiones religiosas.

JOB

Al trabajo de sus manos has dado bendición.
(Job 1:10)

Siete cosas mandó rabbi Aquiba a su hijo rabbi Yehoshúa: "Mi hijo, no te sientes en medio de la ciudad cuando quieras estudiar."

"No vivas en una ciudad donde sus oficiales son estudiantes del Talmud, porque no atenderán a las necesidades de la ciudad."

"No entres en tu casa sin avisar, y mucho menos en la casa de tu vecina."

"Nunca andes descalzo."

"Levántate siempre temprano y come inmediatamente en verano por el calor y en invierno por el frío."

"Que tu día de Shabbath sea como cualquier otro día para que no dependas de la caridad."

"Haz negocios solamente con quienes no tienen mala fortuna."

Dice rabbi Papa: "Este último consejo no quiere decir que no podamos vender o comprar a un hombre con mala fortuna, sino que no debemos asociarnos con él."

Rabbi Samuel bar Yitzhak decía en cuanto al citado versículo: "—Al trabajo de sus manos has dado bendición—lo que significa que quienquiera que recibe una moneda de manos trabajadoras es afortunado en todas sus empresas, y de aquí inferimos que asociarse con un hombre que es afortunado es beneficioso, y que también será beneficioso cualquier cosa que se le venda o se le compre."

(TP, Capítulo X, Mishná I)

COMENTARIO

La persona que quiere estudiar Biblia, debe buscar un lugar silencioso, donde las distracciones externas no lo descuiden de su meditación. Debemos evitar ante todo lo que muchos hacen: Encender la radio y la televisión mientras estudian porque estos distractores nos impedirán una óptima concentración.

La costumbre de tocar siempre la puerta para entrar a la casa propia está muy difundida en la actualidad en los países árabes, donde las mujeres se quitan sus velos y sus burkas para estar más cómodas cuando platican en casa de alguna amiga, de modo que entrar sin avisar es de pésima educación en una casa donde hay mujeres, pues puede ser incómodo para todos.

Aunque parezca contradictorio, algunos rabinos exhortan a que la gente no guarde de manera tan religiosa el Shabbath. Esto lo debemos entender dentro de su contexto histórico, donde las naciones enemigas de Israel aprovechaban siempre el día de reposo para atacarlos. Desde entonces, los soldados están exentos de guardar el Shabbath por poner los intereses nacionales en primer lugar.

A veces nos retraemos de comprar en algún lugar donde tengan alguna imagen o estatuilla de idolatría, o entrar en algún restaurante donde hayan colgado fetiches para atraer la buena fortuna, sin entender a plenitud lo que el rabino Pablo decía en 1 Corintios 8:4, que: *"un ídolo nada es en el mundo,"* y que todo aquello que compramos, sea para comer, para vestir o para enseres domésticos, ha sido santificado por medio de la fe en Aquel que nos Libró de la Muerte y del Pecado.

Salmos

Porque grande es hasta los cielos tu misericordia. Exaltado seas sobre los cielos, oh Adonai.
(Salmo 57: 10-11)

Rabha propone una pregunta contradictoria: "¿Cómo pueden corresponder los versículos citados?"

"La inferencia es que el primer versículo se refiere a quien cumple un mandamiento religioso, porque es costumbre que la persona lo haga y que sus padres también lo hubieran practicado antes, y que mientras la persona cumple tales mandamientos para el honor del Señor, la misericordia de Adonai se manifiesta incluso más arriba que los cielos."

Esto va de acuerdo con la opinión de rabbi Yehuda que decía en nombre de Rabh: "Un hombre debe ocuparse siempre con la Toráh y con sus deberes religiosos, aunque no tenga en mente que lo hace para el honor de Adonai, porque de cualquier manera llegará a acostumbrarse a hacerlo, y será eventualmente para el honor del Señor."

(TP, Capítulo IV, Mishná I)

COMENTARIO

Una persona que intenta cumplir mandamientos religiosos tratando con esto de glorificar el nombre de Adonai, recibirá grandes bendiciones desde los cielos, porque logrará que la misericordia del Osav, del Hacedor, se derrame sobre quien le glorifica.

Una persona, en cambio, que guarda los mandamientos, digamos, por costumbre, o para ser visto por otros, tarde o temprano llegará a entender que lo hace para que el Creador del Universo sea glorificado.

Esto lo vemos claramente cuando confesando a Yeshúa HaMashíaj como nuestro único redentor, y recibiendo la salvación por la gracia, nos preguntamos: ¿De qué me sirve entonces guardar los mandamientos si de todos modos soy salvo? La misma pregunta se hizo el rabino Pablo en Romanos 6:1, respondiendo con sabiduría que: *"los que hemos muerto al pecado, ¿cómo viviremos aún en él?"*

A diferencia del rabino Pablo, el Talmud nos dice que si somos salvos por la gracia, guardamos los mandamientos para glorificar el nombre del Olám, del Eterno.

Por eso, cada vez que nos sometemos al yugo de un mandamiento bíblico, debemos hacerlo conscientes de que agradamos al Uno Santo y de que recibiremos bendición por ello.

Vendrán príncipes de Egipto; Etiopía se apresurará a extender sus manos hacia Adonai.
(Salmo 68:31)

Cuando rabbi Ishmael bar rabbi Yoséf enfermó, rabbi le

envió la petición siguiente: "Dinos dos o tres cosas que acostumbraras decir en el nombre de tu padre."

Rabbi Ishmael respondió: "Así decía mi padre que significaba el Salmo 117:1:

Alabad a YHVH, naciones todas.

"Decía que todas las naciones debían alabarle por los poderosos milagros con que ayudó a otras naciones, y cuánto más los israelitas debían alabarle, porque concerniente a nosotros, en el Salmo 117:2 está escrito:

Porque ha engrandecido sobre nosotros su misericordia.

"Mi padre también decía que en el futuro, Egipto traería un regalo al Mesías, y que el Mesías dudaría en aceptarlo o no."

"Entonces el Señor le dirá: —Acéptalo, porque fueron hospitalarios con mis niños en su tierra—."

"Y es que de acuerdo con el Salmo 68:31, los nobles vendrán de Egipto con regalos, y viendo esto, Etiopía dirá: —Si los regalos de Egipto fueron aceptados, siendo que ellos mantuvieron en servidumbre a Israel, ciertamente nuestros regalos también serán aceptados, porque nunca les hicimos nada a los israelitas—."

"Entonces el Señor le dirá al Mesías: —Acepta también sus regalos—, por lo que está escrito de Etiopía en el citado Salmo cuando dice: — Etiopía se apresurará a extender sus manos hacia Adonai—."

"Cuando los romanos vean esto, dirán: —Si los presentes de Etiopía fueron aceptados, que no eran cercanos a los israelitas, cuánto más los nuestros serán aceptados, que somos como sus hermanos—."

"Entonces el Señor le dirá al ángel Gabriel lo que en el Salmo 68:30 dice:

Reprime la reunión de gentes armadas.

Rabbi Hiya bar Abba en el nombre de rabbi Yohanan da esta explicación: "Reprime la reunión de gentes armadas, cuyas plumas son utilizadas solamente para escribir decretos en contra de Israel, y el pasaje siguiente, el del Salmo 68:30 que dice:

La multitud de toros con los becerros de los pueblos, hasta que todos se sometan con sus piezas de plata.

"Significa que como los romanos eran como una tropa que asesinaba a los grandes entre los israelitas como —becerros— que no tienen dueño."

"Y los —sometidos con las piezas de plata— significa que los romanos estiraban la mano para recibir sobornos de los israelitas, prometiéndoles los permisos para que pudieran llevar a cabo los mandamientos de la Toráh, pero cuando recibían el soborno violaban sus promesas y les impedían realizar sus deberes religiosos. Por eso más adelante, el Salmo 68:30 dice:

Esparce a los pueblos que se complacen en la guerra.

"Lo que significa que la causa para esparcir a Israel entre las naciones fue su propia complacencia en la guerra."
(TP, Capítulo X, Mishná V)

COMENTARIO

A veces pedimos juicio del Shofet HaTzadik, del Juez Justo, sobre nuestros enemigos, sin darnos cuenta que también nuestros pecados llegan delante del trono del Eterno y que Mateo 7:2 dice que: "con la misma medida que medimos, seremos medidos."

En esta agraciada historia vemos que tanto los egipcios como los etíopes serás aceptos delante del Uno Santo, mientras que los romanos serán juzgados duramente por haber sido enemigos del pueblo de Israel.

Pudiéramos pensar entonces que como los romanos eran sus adversarios, los judíos recibirían una compensación por el maltrato, pero el final de la historia nos muestra que aún Israel recibió también castigo por el pecado de complacerse en la guerra.

Así se cumple el verso de Gálatas 6:7 que dice que: *"no se engañe el hombre, pues todo lo que el hombre sembró, eso también cosechará."*

Aquí terminan las oraciones de David, hijo de Isaí. (Salmo 72:20)

Hemos aprendido en una Boraitha que rabbi Meir dijo: "Todas las alabanzas en el libro de los Salmos fueron hechas por David, como está escrito en el citado versículo."

"Debemos entender que —Aquí terminan— *kolú* (כלו) en hebreo debe leerse más bien como *Kol Elu* (כל אלו), —Estas son todas—."

(TP, Capítulo X, Mishná IV)

COMENTARIO

Aunque David fue un salmista por excelencia, hay evidencia histórica de que no todos los Salmos son suyos, como por ejemplo el Salmo 75, cuyo autor parece ser Asaf.

Sin embargo, el mensaje talmúdico es claro: Cuando el corazón de una persona es agradable al Boré, al Creador, como lo era el corazón de David, se le adjudica la autoría de cánticos y alabanzas de otros.

¿Pero qué podemos decir realmente de David cuando analizamos su vida?

David pecó gravemente en adulterio y derramó sangre inocente, como lo narra la historia de 2 Samuel 11, y aunque luego se arrepintió, lo que agradaba al Señor del corazón de

David era su manera de alabarlo desde el fondo de su alma con un agradecimiento notable, como 2 Samuel 6:14 lo describe saltando con toda su fuerza delante del Arca del Uno Santo.

Que se goza en ser madre de hijos. (Salmo 113:9)

¿Hasta qué versículo se debe decir el Hallel?

De acuerdo a la casa de Shammai, hasta el citado versículo. Pero de acuerdo a la casa de Hillel, hasta el Salmo 114:8, que dice:

Y en fuente de aguas la roca.

Hemos aprendido en otra *Boraitha*, que de acuerdo a la casa de Shamai, es hasta el Salmo 114:1, donde dice:

Cuando salió Israel de Egipto.

Pero de acuerdo a la casa de Hillel, hasta el Salmo 115:1, donde dice:

No a nosotros, oh YHVH.

¿Podemos entonces asumir que quienes dicen que es hasta: —Que se goza en ser madre de hijos—, sostienen que el Aleluya que le sigue al versículo es el comienzo del capítulo, mientras que aquellos que dicen que el Hallel continúa hasta donde dice —Cuando salió Israel de Egipto—, sostienen que el Aleluya es el final del capítulo?

Rabbi Hisda responde esto respecto a su propia teoría, que todos están de acuerdo que el Aleluya es el final de un capítulo, mientras que los que están de acuerdo con la casa de Shammai, que el Hallel termina hasta donde dice: —Cuando salió Israel de Egipto— también están en lo correcto, porque ya incluyeron el Aleluya.

Pero aquellos que de acuerdo a la casa de Shammai dicen que el Hallel se extiende hasta donde dice: —Que se goza en ser madre de hijos—, debían incluir ese verso en el Aleluya.

(TP, Capítulo X, Mishná IV)

COMENTARIO

El Hallel es representativo para los seguidores del Camino de Gloria, porque Mateo 26:30 dice que después de que el Mashíaj y sus discípulos cantaron el Hallel, salieron hacia el Monte de las Olivas, de modo que antes de la pasión de nuestro Redentor, se cantó el Hallel dando toda la gloria y el honor al Mélej Israel, al Rey de Israel.

Hasta dónde termina el Hallel es una discusión rabínica que se repetirá a través de este y otros Tratados, sin llegar a un acuerdo final, pero algo que queda claro en todo esto es que sea que termine en una o en otra parte, se debe decir al final el Aleluya, es decir, se le debe dar toda la alabanza al Eterno, porque como también en otra parte hemos visto que aleluya significa: Alaba a Adonai.

Cuando salió Israel de Egipto.
(Salmo 114:1)

El Pequeño Hallel contiene cinco historias: "El éxodo desde Egipto, la división del Mar Suf, la recepción de la Toráh por los israelitas, la resurrección de los muertos, y los sufrimientos en los tiempos del advenimiento del Mesías."

"El éxodo desde Egipto por lo que dice el citado versículo: —Cuando salió Israel de Egipto—."

"La división del Mar Suf, por lo que el Salmo 114:3 continúa diciendo:

El mar lo vio, y huyó.

"Cuando se les dio la Toráh por lo que el Salmo 114:6 dice:

Oh montes, ¿por qué saltasteis como carneros?

"Haciendo referencia al momento en que Israel recibió la Toráh. La resurrección de los muertos, por lo que el Salmo 116:9 dice:

Andaré delante de YHVH en la tierra de los vivientes.

"Y los sufrimientos en los tiempos del Mesías por lo que el Salmo 115:1 dice:

No a nosotros, oh YHVH.

Comentando esto, rabbi Yohanan explica: "Hace referencia a la guerra de Gog y Magog que ocurrirá antes del advenimiento del Mesías y será el peor período por el que atraviese el pueblo de Israel."

(TP, Capítulo X, Mishná V)

COMENTARIO

El Neemán VaEmiti, el Fiel y Verdadero, se da a conocer a nuestras vidas con un propósito redentor, cierto, que es sacarnos de una manera de vivir vana y absurda, y mediante milagros y prodigios traernos a una nueva vida.

Pero cualquier persona que ha nacido de nuevo, es decir, sobre quien su Rúaj Hakodesh, su Espíritu Santo, ha venido a morar, tiene una esperanza apocalíptica: El regreso del Mashíaj, que vendrá a establecer su reino sempiterno después de una tribulación tremenda.

El pueblo judío también está al tanto de esta tribulación, que fue anunciada desde tiempos muy antiguos, testificando la Omnipresencia del Shaddai, del Todopoderoso.

Como seguidores del Mashíaj, tenemos una esperanza de fe, como dice Lucas 21:36, que: *"roguemos encarecidamente para recibir el honor de escapar de todas estas cosas que sucederán y poder estar de pie delante del Ben Adam, del Hijo del Hombre, sin avergonzarnos"*

No a nosotros, oh YHVH, no a nosotros, sino a tu nombre da gloria.
(Salmo 115:1)

Los rabinos preguntaron: "¿Quién dijo el Hallel?"

Rabbi Elazar dijo: "Moisés e Israel lo dijeron cuando estaban frente al mar. Dijeron: —No a nosotros, oh YHVH, no a nosotros, sino a tu nombre da gloria—, y entonces el Espíritu Santo contestó lo que en Isaías 43:11 dice:

Yo, yo YHVH, y fuera de mí no hay quien salve.

Rabbi Yehuda dijo: "Cuando guerrearon con los reyes de los canaanitas, Josué e Israel dijeron: —No a nosotros, oh YHVH, no a nosotros, sino a tu nombre da gloria—."

Rabbi Elazar Modai dijo: "Cuando Sísara les declaró la guerra, Débora y Barac dijeron: —No a nosotros, oh YHVH, no a nosotros, sino a tu nombre da gloria—, y el Espíritu Santo les respondió lo citado en Isaías 43:11:

Yo, yo YHVH, y fuera de mí no hay quien salve.

Rabbi Elazar ben Azariah dijo: "Cuando Senaquerib les declaró la guerra, el rey Ezequías y su compañía de soldados dijeron: —No a nosotros, oh YHVH, no a nosotros, sino a tu nombre da gloria— y el Espíritu Santo les respondió lo citado en Isaías 43:11:

Yo, yo YHVH, y fuera de mí no hay quien salve.

Rabbi Aquiba dijo: "Cuando Nabucodonozor estaba a punto de arrojarlos al horno de fuego, Misael y Azarías dijeron: —No a nosotros, oh YHVH, no a nosotros, sino a tu nombre da gloria—, y el Espíritu Santo les respondió lo citado en Isaías 43:11:

Yo, yo YHVH, y fuera de mí no hay quien salve.

Rabbi Yoséf el Galileo dijo: "Cuando Haman, enemigo de los judíos se levantó en su contra para destruirlos, Mardoqueo y Ester dijeron: —No a nosotros, oh YHVH, no a nosotros, sino a tu nombre da gloria—, y el Espíritu Santo les respondió lo citado en Isaías 43:11:

Yo, yo YHVH, y fuera de mí no hay quien salve.

Pero los sagues decían que los profetas entre los israelitas organizaron esa frase cuando cualquier tipo de aflicción caía sobre Israel, y la decían en la hora de su redención: —No a nosotros, oh YHVH, no a nosotros, sino a tu nombre da gloria—.
(TP, Capítulo X, Mishná IV)

COMENTARIO

No es que los rabinos tuvieran una memoria histórica tan detallada, ni tampoco que recibieran una revelación con esta precisión, sino que en todos los casos históricos mencionados, el Adón Col HaAretz, el Señor de toda la Tierra, hizo una gran proeza al momento de salvar a su pueblo.

Una visión contemporánea daría el crédito de estos acontecimientos a la planeación estratégica de una persona, al poder armamentista de una nación o a la casualidad del destino.

Como seguidores de Yeshúa HaMashíaj, debemos reconocer que en cada victoria personal, grupal o nacional, la poderosa mano del Creador del Universo ha estado allí para asegurarnos el triunfo. Reconocer su ayuda es darle toda la gloria.

Si bien, el Uno Santo también reconoce que su mano de poder es la única que tiene la capacidad de salvar, tal y como dice el libro del Apocalipsis 4:11, que Adonai es el único digno de recibir la gloria, el honor y el poder, donde entendemos que también es el único que puede gloriarse de sí mismo, a diferencia de nosotros, que al gloriarnos, caemos en descrédito y soberbia.

Invoqué el nombre de YHVH, diciendo: Oh YHVH, libra ahora mi alma.
(Salmo 116:4)

Rabbi Nahman bar Yitzhak dice: "El Pequeño Hallel es recitado por otra razón, y es que contiene la transposición de las almas de los justos de la Gehena al Cielo, como está escrito en el citado versículo: —Oh Adonai, libra ahora mi alma—."
(TP, Capítulo X, Mishná V)

COMENTARIO

De acuerdo al judaísmo, los justos van primero al infierno antes de ser llevados al cielo. Como seguidores del Camino de la Eternidad, tenemos una idea similar cuando en 1 Pedro 4:6 dice que: *"el evangelio también fue predicado a los muertos."*

Si tomamos estos versículos en su modo más textual, podemos entender que hubo justos que nunca oyeron hablar de Yeshúa HaMashíaj y de la salvación por medio de su nombre, de modo que el evangelio les fue predicado a estos rectos para que pudieran acceder de la Gehena al Cielo en la Resurrección de los Muertos. Amén, aleluya.

Te alabaré porque me has oído, y me fuiste por salvación. (Salmo 118:21)

Dijo rabbi Samuel ben Nahmeni en el nombre de rabbi Yonathan: "El citado versículo fue dicho por David. El siguiente versículo 22, que dice:

La piedra que desecharon los edificadores ha venido a ser cabeza del ángulo.

"Fue dicho por Isaí cuando David fue elegido rey. El siguiente versículo 23 que dice:

De parte de YHVH es esto, y es cosa maravillosa a nuestros ojos.

"Fue dicho por los hermanos de David, y el siguiente versículo 24:

Este es el día que hizo YHVH.

"Fue dicho por Samuel, mientras que el versículo 25 que dice:

Oh YHVH, sálvanos ahora, te ruego.

"Fue dicho nuevamente por los hermanos de David, mientras que la continuación del mismo versículo 25 que dice:

Te ruego, oh YHVH, que nos hagas prosperar ahora.

"Fue dicho por el mismo David. El versículo 26 que dice:

Bendito el que viene en el nombre de YHVH.

"Fue dicho por Isaí, y la continuación de ese mismo versículo 26 que dice:

Desde la casa de YHVH os bendecimos.

"Fue dicho por Samuel, mientras que el versículo 27:

YHVH es Adonai, y nos ha dado luz.

"Fue dicho por todos. La continuación del versículo 27 que dice:

Atad víctimas con cuerdas a los cuernos del altar.

"Fue dicho por Samuel, mientras que el último versículo, el 28, que dice:

Mi Señor eres tú, y te alabaré.

"Fue dicho por David, mientras que la última parte del versículo 28, que dice:

Señor mío, te exaltaré.

"Fue dicho por todos."
(TP, Capítulo X, Mishná V)

COMENTARIO

Hemos visto en otra parte de este escrito que este tipo de interpretaciones son novedosas incluso para el tiempo en que se escriben, responden a la revelación más profunda de su palabra: El Salmo es constituido por diferentes personajes en el contexto cuando se escoge a David para ungirlo como futuro rey de Israel.

El juego con los personajes, aunado a la trasposición histórica de un acontecimiento bíblico, contextualiza al Salmo de una manera armoniosa.

Junto a los ríos de Babilonia.
(Salmo 137:1)

El Gran Hallel termina en el citado versículo, y comienza en el Salmo 136:1 donde dice:

Alabad a YHVH, porque Él es bueno.

Rabbi Yohanan dice: "Comienza con el Salmo 120:1, donde dice:

A YHVH clamé estando en angustia.

"Y termina en el citado Salmo 137:1 cuando dice:

Junto a los ríos de Babilonia.

Rabbi Aha bar Yaakob, dice: "Comienza con el Salmo 135:4 cuando dice:

Porque Yah ha escogido a Jacob para sí.

"Y termina como dice rabbi Yohanan, con el Salmo 137:1 que dice:

Junto a los ríos de Babilonia.
(TP, Capítulo X, Mishná V)

COMENTARIO

Los ríos de Babilonia, donde los talmudistas concuerdan que termina el Gran Hallel, son una representación del tiempo del castigo divino. Los hechos aborrecibles del pueblo de Israel terminaron por llegar delante del Mefaltí, del Libertador, quien utilizó a los ejércitos enemigos para reducirlos a esclavitud como pago del pecado.

Los ríos de Babilonia es el lugar donde se reunía el pueblo, de manera histórica o simbólica, para remembrar los viejos tiempos de jauja y de libertad cuando el estado de Israel tenía autonomía política, económica y religiosa.

Esto nos dice que no importa la situación en la que se encuentre una persona, debemos seguir alabando al Eterno en nuestra angustia.

**Al que pastoreó a su pueblo por el desierto.
(Salmo 136:16)**

Rabbi Yehoshúa ben Levi dijo: "Los veintiséis versículos del Salmo 136 se aplican a las veintiséis generaciones que existieron antes de que la Toráh apareciera, y que fueron nutridas sólo por su gracia."

Rabbi Hisda dice: "El citado versículo significa que el Señor castiga al hombre por sus malas obras solamente disminuyendo sus posesiones y sus bienes, de modo que un hombre rico es castigado con la pérdida de su buey, un hombre pobre pierde una oveja, una viuda pierde la gallina, un huérfano pierde un huevo, y así."

(TP, Capítulo X, Mishná V)

COMENTARIO

Shomreja, Tu Guardador, es misericordioso para con su

pueblo, anulando las leyes del mundo y las leyes del universo que establecen una cosecha de males para quien ha sembrado una obra impía.

La misericordia del Creador del Universo es tan grande para nosotros, que cuando se trata de castigarnos en el ámbito económico, nos envía un castigo acorde a nuestras posibilidades, tal y como dice el rabino Pablo en 1 Corintios 10:13, que HaMeboráj LeOlamim, el que es Bendito por los Siglos, *"no nos dará una prueba más fuerte de lo que podamos resistir."*

El que da alimento a todo ser viviente, porque para siempre es su misericordia.
(Salmo 136:25)

¿Y por qué se le llama el Gran Hallel?

Dice rabbi Yohanan: "Porque el Santo Uno, bendito sea Él, se sienta en lo más alto del mundo y desde ahí envía alimento para todas sus criaturas, como está escrito en el citado versículo."

(TP, Capítulo X, Mishná V)

COMENTARIO

El seguidor del Camino de la Vida cree en la provisión divina.

A veces nos preguntamos por qué unos tienen tanto que hasta se dan el lujo de desperdiciar la comida, mientras que otros viven en situaciones tan precarias de pobreza que literalmente mueren de hambre.

Es el acaparador, el ajiotista, el intermediario y el gran empresario que piensa en multiplicar los números de sus ganancias el que se enriquece sin tener piedad del pobre y del necesitado.

Es nuestra obligación moral ayudar a la gente con

necesidad, y hacerlo con un corazón alegre como dice 2 Corintios 9:7, para que seamos aceptos delante de Hanotén Dsera LaDsoréa, del que da Semilla al Sembrador, porque el Señor ama al dador alegre y dará una siega generosa a quien también de una siembra generosa en ayuda a los que tienen mayor apuro.

***

Sean nuestros hijos como plantas crecidas en su juventud, nuestras hijas como esquinas labradas como las de un palacio.
(Salmo 144:12)

Rabbi Zutra bar Tobiah dijo en nombre del Rabh: "En cuanto al citado versículo, debemos entender que —sean nuestros hijos como plantas— representa a la juventud israelí que aún no ha probado el pecado."

"—Nuestras hijas como esquinas labradas— se refiere a las doncellas de Israel que cierran sus puertas a los hombres, como continúa diciendo el Salmo 144 en el verso 13:

Nuestros graneros llenos, provistos de toda suerte de grano.

"Y la frase —labradas como las de un palacio— quiere decir que, tanto los jóvenes como las doncellas que no han pecado son dignos de ver el Templo construido en sus días."
(TP, Capítulo VIII, Mishná I)

COMENTARIO

Vivimos una época difícil para los valores morales, donde los antivalores se han apoderado de las consciencias de muchos, y la sexualidad, en vez de ser un acto consagrado para el matrimonio, se ha convertido en un asunto devaluado. Ni qué decir sobre la virginidad, que ha perdido toda noción en muchos de nuestros jóvenes.

El Talmud reconoce el esfuerzo de quienes guardan sus cuerpos en santidad para Hu Asher Yajol Lishmor Etjém Mimikshol, para El que Puede Guardarlos a Ustedes de Tropiezo.

Pero no solamente el Talmud reconoce este denuedo, sino también el libro del Apocalipsis, cuando dice que hay ciento cuarenta y cuatro mil que se guardaron vírgenes para el Señor, y que como recompensa de ese esfuerzo, se les ha permitido cantar un *shir hadash*, un cántico nuevo, delante del trono y del Cordero.

La alabanza de YHVH proclamará mi boca; Y todos bendigan su santo nombre eternamente y para siempre. (Salmo 145:21).

Dijo rabbi Hisda: "Cada Aleluya denota la conclusión de un capítulo en los Salmos."

Pero Rabba bar rabbi Huna dice: "Denota más bien el comienzo de un capítulo."

Dice rabbi Hisda: "Yo vi el libro de los Salmos en las manos de rabbi Hanan bar Rabh, y observé que un Aleluya estaba a mitad del capítulo, de donde infiero que debe existir la duda de si pertenece al final o al principio del capítulo, y por esa misma razón se lo puso en el centro."

Dice rabbi Hanin el hijo de Rabha: "Todos están de acuerdo que después del citado versículo, el Aleluya es el comienzo del Salmo siguiente, el 146; Y en el Salmo 112:10, que dice:

Lo verá el impío y se irritará, crujirá los dientes, y se consumirá. El deseo de los impíos perecerá.

"El Aleluya también es el comienzo del Salmo siguiente, el 113; Y en el Salmo 135:2, dice:

Los que estáis en la casa de YHVH, en los atrios de la casa de nuestro Señor.

"También en este caso el Aleluya es el comienzo del Salmo siguiente, el 136. Y aún los Caraítas añaden los Salmos 110:7 y 111:10, donde ambos Aleluya son el comienzo del capítulo."

(TP, Capítulo X, Mishná IV)

COMENTARIO

Como he mencionado en el Tratado de Eruvin, que es el Tomo II de esta colección (Ayala, 2011:72), la división en versículos y capítulos del Antiguo Testamento se realizó en el año 1205 AD por Stephen Langton, y hasta 1400 AD se dividió en capítulos el Nuevo Testamento. Robert Estienne es el primero en numerar los versículos de los ya divididos capítulos en 1551 AD del Nuevo Testamento y en 1571 AD del Antiguo Testamento.

El texto bíblico que actualmente se tiene dentro de las sinagogas son una serie de rollos sin división de capítulos ni versículos, donde saber cuándo empezaba uno y terminaba otro se hacía una labor compleja. Un rollo muy similar debieron tener los talmudistas, donde no existían divisiones entre capítulos y versículos, sino solamente un texto corrido, a veces dividido por otros símbolos hebreos.

Pero esto tiene una finalidad espiritual, que está dentro de lo que hemos mencionado como deconstrucción bíblica, es decir, el lugar donde ponemos una coma, un punto, o un renglón en blanco pueden cambiarnos el sentido de la diégesis.

Para el judaísmo, como hemos mencionado en otra parte, en la era mesiánica, HaRishón VeHaAjarón, el Primero y el Último, acomodará de otra manera las letras de la Toráh y nos dará una interpretación completamente diferente.

Todo lo que respira alabe a YAH. Aleluya.
(Salmo 150:6)

Dice rabbi Yehoshúa ben Levi: "El libro de los Salmos fue compuesto con diez expresiones diferentes de alabanza: Nitzúaj (נצוח) alabanza; Nigon (נגון) alabar con instrumentos; Maskil (משכיל) hablar en proverbios; Mizmor (מזמור) salmo; Shir (שיר) canción; Ashrei (אשרי) gozo; Tehilot (תהלה) alabanza; Tefilá (תפילה) oración; Hodaah (הודה) agradecimiento y Aleluyá (הללו יה), alabanza a Yah."

"La más importante de todas las expresiones es Aleluya, porque contiene en sí misma alabanza y el Nombre del Eterno."
(TP, Capítulo X, Mishná IV)

COMENTARIO
Todas las expresiones sirven para darle gloria al Señor por medio de nuestra boca o con instrumentos musicales, por agradecimiento, por medio de oración, de cánticos espirituales, como dice Efesios 5:19.

Sin embargo, cualquier tipo de agradecimiento que incluya en sí mismo el Nombre del Eterno, aunque sea abreviado, como es el caso de Yah, tendrá un peso de gloria espiritual mucho mayor.

Alabemos entonces a nuestra Migdal Oz, a nuestra Torre Fuerte, desde lo más hondo de nuestros corazones, comenzando a dar gracias primeramente porque ha multiplicado sus misericordias sobre nosotros y terminemos diciendo: Aleluya.

PROVERBIOS

Guarda, hijo mío, el mandamiento de tu padre, y no dejes la enseñanza de tu madre.
(Proverbios 6:20)

Era la costumbre de los habitantes de Baishan jamás ir de Tiro a Sidón en el día que precedía al Shabbath.

Los descendientes de los habitantes de Baishan vinieron a rabbi Yohanan y le dijeron: "Nuestros padres podían prescindir de ese viaje; pero nosotros no podemos. ¿Qué hacemos?"

Respondió el rabbi: "Desde el momento en que sus ancestros decidieron no hacer este viaje, ustedes no pueden actuar de manera diferente, como está escrito en el citado verso."

(TP, Capítulo IV, Mishná I)

COMENTARIO
Cuando estudiaba la Maestría en Antropología Social en

la Universidad Iberoamericana en la ciudad de México, hacíamos nuestra práctica de campo a unos doscientos kilómetros de la capital, en un pueblo del Estado de Tlaxcala.

En una ocasión, unas chicas que formaban parte de nuestro grupo de investigadores, se intrigaron por saber por qué para la preparación de cierto guisado, antes de echar el pedazo de carne en la olla, lo tenían que partir exactamente por la mitad. Las mujeres entrevistadas respondieron que esa era la costumbre de los abuelitos, de modo que las investigadoras fueron con la abuela de las mujeres y le preguntaron la razón. La respuesta fue contundente: —Porque el pedazo completo de carne no cabe en la olla—.

Es la tradición lo que le da la individualidad y la veracidad a nuestras vidas, siempre y cuando las tradiciones que mantengamos no vayan en contra de los principios morales de la Biblia.

De este modo, en la historia que hemos leído, existe quizás un temor de que el viaje de Tiro a Sidón no pueda completarse antes de que empiece el Shabbath, y como consecuencia, se tenga que quebrantar el día santo al Eterno, o buscar posada en alguna de las ciudades paganas, o acampar con riesgo de ser asaltado por ladrones en el camino.

De modo que con cualquier tradición familiar que esté diseñada para que guardemos los mandamientos de la Biblia, honraremos a nuestros padres y también al Uno Santo.

En la multitud del pueblo está la gloria del rey. (Proverbios 14:28)

El rey Agripa quiso un día conocer cuántos israelitas varones había. Así que le dijo al sumo sacerdote que hiciera recuento de los corderos pascuales.

El sumo sacerdote entonces ordenó que se preservara un riñón de cada cordero pascual, y se contaron dos veces seiscientos mil riñones; Dos veces el número de israelitas que salieron de Egipto, sin contar a todos los israelitas que por alguna razón no pudieron ofrecer su sacrificio, por cuestiones de impureza ritual, o porque vivían a gran distancia de Jerusalén.

Por otra parte, cada cordero pascual representaba cuando menos a diez personas.

Después de que esto se supo, se le llamó a esa Pascua la "Pascua Larga."

¿Pero cómo se preservaron los riñones? ¿No era imperativo que se ofrecieran en el altar?

Los riñones se depositaban en alguna parte, hasta que llegaba otro sumo sacerdote y los sustituía con alguna otra cosa, por eso, la Mishná nos enseña lo que está escrito en el citado versículo: —En la multitud del pueblo está la gloria del rey—.

(TP, Capítulo V, Mishná V)

COMENTARIO

Era común que se levantaran censos poblacionales con el propósito de que la gente pagara sus impuestos. ¿Qué mejor forma de saber cuántos individuos había sino en una festividad religiosa que reuniera a toda la población?

Si las cifras son correctas, en tiempos talmúdicos, estamos hablando de una población aproximada de doce millones de personas en el territorio de Israel. Esto casi duplica el número de hebreos en el censo realizado en el 2010 por el Buró Central de estadísticas que calculaba una población de siete millones de ciudadanos ocupando el actual Estado de Israel. Estos números nos hablan de una densidad poblacional considerable en tiempos del Mashíaj.

Pero elevando el texto, también debemos entender el fervor religioso y el compromiso de sacrificar el cordero pascual, actividad que realizaba cada familia de manera anual con un gran compromiso.

Aprendamos del pueblo de Israel la unidad y la obligatoriedad para sacrificar el cordero pascual, que para nosotros es representado por Yeshúa HaMashíaj.

No mires al vino cuando rojea.
(Proverbios 23:31)

Hemos aprendido en una Boraitha que rabbi Yehuda dijo: "La copa debe contener el buqué y el color del vino rojo."

Dijo Rabha: "¿Cuál es la razón de este estatuto? Por lo que está escrito en el citado versículo, de donde se aduce que el vino debe ser rojo."

Los rabinos enseñaron: "Beber las cuatro copas incluye a todos: Hombres, mujeres y aún niños."

Rabbi Yehuda dice: "¿Y cuál es el beneficio del vino para los niños?"

"Se les debería dar nueces, maíz u otras cosas en la tarde de Pascua, de modo que se mantengan despiertos en la noche, y hacerlos inquirir la razón de la festividad."

(TP, Capítulo X, Mishná I)

COMENTARIO

A pesar de que beber cuatro copas de vino durante la Pascua tiene una base bíblica, los niños son incapaces de comprender la verdadera razón.

El rabino Pablo en 1 Corintios 11:28 nos dice que: *"quien toma de manera indigna la cena del Adón, come y bebe juicio para sí."* Por eso, tanto el vino del Shabbath como el vino de la Santa Cena deben reservarse únicamente para aquéllos que tienen un conocimiento consciente de lo que están haciendo, para que sea una bendición en sus vidas y no una maldición.

**Hace telas, y vende, y da cintas al mercader.
(Proverbios 31:24)**

Los rabinos enseñaron: "Aquel que depende de las ganancias de su esposa o de las ingresos del molino nunca percibirá las señales de una bendición."

¿Qué significan las ganancias de su esposa?

"Si su esposa va con la balanza en la mano, rentándola a otros. Lo mismo aplica a los ingresos del molino: Si la persona recarga todas sus ganancias en aquellos que utilizan el molino y pagan por ello."

"Sin embargo, cuando el individuo mismo utiliza el molino para obtener su sustento, o si su esposa utiliza la balanza para vender sus propias mercancías, puede su marido estar orgulloso de ella, por lo que está escrito en el citado versículo."

Los rabinos enseñaron: "De los ingresos de cuatro profesiones, una persona nunca podrá percibir las señales de la bendición, y estas son: La profesión de escriba; La profesión de pregonero; Los que ganan dinero de los huérfanos y los que trafican en la mar."

"Los pregoneros, que repiten las enseñanzas de los rabinos, nunca verán ninguna señal de bendición porque trabajan en Shabbath."

"No reciben ninguna bendición aquellos que ganan dinero por medio de los huérfanos, porque la menor ventaja que tomen de ellos no les será perdonada."

"La razón por la cual no reciben ninguna bendición los que trafican en la mar, es porque el hecho de que un barco llegué a puerto en perfecto estado es un milagro que no ocurre todos los días."

"¿Pero por qué los escribas no verán ninguna bendición?"

Dice rabbi Yehoshúa ben Levi: "Los miembros de la Gran Asamblea ayunaron y oraron veinticuatro días que los escritores de los Rollos de la Toráh, de los Tefilín y de los Mezuzóth nunca se hicieran ricos, porque si lo hacían, no tomarían jamás el pesado trabajo de escribir."

Los rabinos enseñaron: "Los escribas que redactan los rollos de la Toráh, de los Tefilín y de los Mezuzóth, aquellos que comercian con esos escribas, los comerciantes que los venden a la gente, y todos aquellos que se ocupan de los trabajos religiosos, incluso quienes venden la piel para que se escriban los rollos, no perciben ninguna bendición de su trabajo. Sin embargo, si se ocupan de estos trabajos en honor del Eterno, y no para sus ganancias personales, recibirán la bendición."

(TP, Capítulo IV, Mishná I)

COMENTARIO

Me han llegado a preguntar si trabajar en una fábrica de cigarros que a la larga producirá cáncer en un individuo. Lo mejor sería no hacerlo, igual que cualquier empresa que lucre con el dolor o con la necesidad de las demás personas, porque es casi como *"participar de las obras infructuosas de las tinieblas,"* como dice Efesios 5:11.

En cuanto al trabajo religioso, siempre hemos insistido en que debe realizarse siempre y cuando haya un llamamiento divino. Es una lástima que haya líderes religiosos que se autonombren jefes congregacionales con fines mezquinos que buscan ganancias deshonestas.

De acuerdo al Talmud, podrán ver dinero, pero nunca la bendición de HaRibón, del Soberano.

Aquellos que servimos al Creador del Universo con un corazón sincero y bajo un genuino llamamiento por medio de una visión celestial de ángeles, vemos el poder del Uno Santo manifestarse todos y cada uno de los días de nuestra vida. Amén.

ECLESIASTÉS

Porque sobre el alto vigila otro más alto, y uno más alto está sobre ellos.
(Eclesiastés 5:8)

Los rabinos enseñaban: "Nunca molestes a un pequeño gentil, a una pequeña serpiente o a un discípulo joven, porque sus reinos están detrás de sus oídos, y cuando crezcan buscarán venganza."

Rabh decía a su hijo Aibo: "He tratado de enseñarte la Santa Toráh, pero no lo he logrado; Ven y te enseñaré las cosas del mundo."

"Cuando la arena está todavía en tus pies, porque acabas de regresar de un viaje de abastecimiento, y te encuentras con un comprador, vende todo a la primera. Vende todo aunque pienses que después te arrepentirás, especialmente el vino, del cual nunca te arrepentirás de haberlo vendido, porque se puede echar a perder. Se veloz con el monedero y abre tu saco después, es decir, que cuando vendas, primero recibe el dinero, asegúralo bien y después despacha la mercancía."

"Si puedes comprar un *kabh* de tierra en tu vecindario, es mejor que un *kur* de tierra en un lugar lejano."

"Si tu canasto está lleno de dátiles, corre al cervecero y cámbialos por cebada de cerveza, porque los dátiles se comen, y después no tendrás nada."

Dice Rabha: "Necesitas cuando menos tres *saahs* de dátiles para ir con el cervecero."

Dice rabbi Papa: "Si no hubiera tenido cebada de cerveza, nunca habría sido rico."

Lo mismo decía rabbi Hisda.

(TP, Capítulo X, Mishná I)

COMENTARIO

Como seguidores de Yeshúa HaMashíaj, es importante mantener una actitud pacificadora con la gente que nos rodea, porque no sabemos en qué momento esa gente podrá ayudarnos o hundirnos en el futuro. Una buena actitud hacia los demás nos mantendrá en gracia con ellos y será agradable delante de Guebojim Aléjem, del más Alto sobre Ellos.

La actitud de Rabh muestra hacia su hijo el más profundo respeto para que éste se dedique a lo que mejor le plazca. En vez de manipular a nuestros hijos para que sean una copia de nosotros, con nuestros mismos gustos y hasta con nuestros defectos, deberíamos en cambio guiarlos para que desarrollen sus propias habilidades.

Es lo que Rabh ve en su hijo Aibo: Uuna facilidad innata para los negocios, ante lo cual, le aconseja con sabiduría cómo convertirse en un buen comerciante.

Es cierto que el papel de los judíos durante la Edad Media fue básico para mover las economías entre los diferentes feudos: Siendo en aquel entonces una gran mayoría de judíos comerciantes ambulantes, que llevaban los productos

de un feudo a otro, convirtiéndose en motores económicos que permitieron el desarrollo de sociedades más estables.

———•——— ❧❧ ———•———

Porque escudo es la ciencia, y escudo es el dinero.
(Eclesiastés 7:12)

Rabbi Yoséf dijo: "Thodos de Roma instituyó la costumbre entre sus correligionarios en la ciudad de Roma, que debían comer cabra rostizada durante la Pascua."

"Los sagues entonces le enviaron el siguiente mensaje: —Si no fueras Thodos, ya te habríamos prohibido realizar tal acción, porque induces a los israelitas a comer animales consagrados fuera de Jerusalén—."

¿Pero por qué decían que la cabra era un animal consagrado? Debían decir: Un animal similar al consagrado, que es el cordero.

Los estudiosos del Talmud preguntaron: "¿Era realmente Thodos un hombre de sabiduría o se trataba de un simple ciudadano con mucha influencia, por lo que los sagues temían prohibirle sus prácticas?"

Una vez Thodos, el hombre de Roma, explicó: "¿Cómo se justificaron Sadrac, Mesac y Abed Nego para permitir que los arrojaran al horno de fuego?"

Continuó Thodos diciendo: "Ellos derivaron su justificación de la siguiente conclusión: Como las ranas mencionadas en las plagas que cayeron sobre Egipto no dudaron en entrar en los hornos que continuaban calientes, aunque no tenían en ningún modo obligación de honrar el Nombre del Eterno, cuánto más un hombre que tiene la obligación de honrar el Nombre del Señor, no debe dudar en arrojarse a sí mismo al horno de fuego."

Rabbi Yoséf bar Abhin dijo: "Thodos de Roma solía dar mercancías a los estudiosos del Talmud para ayudarlos a tener un buen nivel de vida, y rabbi Yohanan dice que aquel que da bienes a los estudiosos del Talmud para que puedan estudiar con un buen nivel de vida y en paz, hacen méritos para el privilegio de sentarse en los colegios de aprendizaje en el Mundo Venidero, como está escrito en el citado versículo: —Porque escudo es la ciencia y escudo es el dinero—."

(TP, Capítulo IV, Mishná II)

COMENTARIO

Para el judaísmo, el cordero del sacrificio no podía comerse en ninguna parte fuera de Jerusalén. Esta visión centralista, con miras a mantener la cohesión del pueblo de Israel, fue una costumbre mientras existió el Templo que se estableció desde los tiempos de los reyes de Israel.

Lo que Thodos hizo fue celebrar la Pascua, pero en vez de utilizar el cordero, empleó una cabra para la cena. Esto despertó sospechas entre los rabinos, ya que podría tratarse de una estrategia para mantener viva la tradición hebrea, o por el contrario, un intento por quitarle la centralidad a la comunidad de Jerusalén, y más aún: Desobedecer a los mandamientos del Taquif, del Fuerte.

Thodos, según la historia, es un hombre rico y de influencia, y esto despierta más dudas, pues no saben con certeza si le permitieron hacer esto porque era un hombre sabio o porque era un hombre rico.

Cuando finalmente estudiaron su vida, se percataron que Thodos es un hombre que tenía la revelación y el conocimiento suficiente como para interpretar la Biblia de una manera profunda, además de ser un hombre misericordioso y comprometido con los que dedicaban su vida al estudio de la palabra del Creador del Universo. Aquí se cumple la palabra de Lucas 7:35 que dice: "encontramos la evidencia de la sabiduría en sus hijos."

Por otra parte, se nos ha enseñado que no hagamos algo bueno que parezca malo, pero también que, aunque las circunstancias nos lleven a pensar mal de alguien, necesitamos sin lugar a dudas hacer una investigación profunda antes de emitir un juicio en contra de nadie, como dice el rabino Pablo en 1 Timoteo 5:19, que: *"no admitamos acusación alguna en contra de un anciano sino por el testimonio de varios testigos."*

CANTARES

Sus labios, como lirios que destilan mirra fragante.
(Cantares 5:13)

Dice rabbi Guidel en el nombre de Rabh: "Todo estudioso de la Toráh que no se sienta en la presencia de su maestro con una actitud seria, no puede retener nada de lo que ha aprendido, ni tampoco podrá repetirlo con sus labios."

"Como está escrito en el citado versículo, donde el término hebreo para lirios es *shoshanim* (שׁוֹשַׁנִּים), mientras que para aprender se utiliza *shaná* (שָׁנָה). En tanto que la expresión para mirra es *mor* (מוֹר), que también significa amargura. De este modo, el pasaje se interpreta de este modo: —Los labios que aprenden, gotean amargura—, es decir, gotean seriedad."

"Así vemos que la seriedad es necesaria para aprender, no el regocijo."

"Sin embargo, regocijarse es necesario para el maestro, de modo que haga la enseñanza ligera, pero el discípulo que escucha debe ser serio en su aprendizaje, y si lo quieres oír, te diré que también el maestro debe estar serio antes de dar la enseñanza pero gozoso cuando la da."

Aunque Rabba no hacía así, sino que empezaba su lectura con un chiste, poniendo a sus estudiantes de buen humor, y después procedía con toda seriedad a enseñar la Halajá.

(TP, Capítulo X, Mishná IV)

COMENTARIO

En la actualidad hay líderes que cuando dan su sermón hacen reír mucho a la gente, como Jonny Gonzáles, un pastor evangélico de habla hispana, que ha producido sermones en audio casetes, como "La Santa Comedia." Sus sermones están fundamentados en bromas continuas.

La gran mayoría de los líderes que aparecen en televisión también necesitan hacer entretenido su programa, lo cual se justifica por el medio que utilizan para el evangelismo, porque de otro modo, ¿cómo competiría una prédica televisiva contra la telenovela de moda o el programa favorito de alguien que apenas está conociendo del Camino de la Salvación?

A este respecto hay una diversidad de opiniones, unas en contra, otras a favor, unas más que no toman partido ni se comprometen por ninguna de las posturas. Los talmudistas expresan las suyas.

Lo cierto es que los seguidores del Mashíaj no estamos bajo el pesado yugo ritual del catolicismo romano, ni tampoco bajo el yugo de seriedad de las denominaciones protestantes ortodoxas.

A pesar de esto, debemos entender con seriedad las palabras de las Sagradas Escrituras, y no perder de vista lo que merece nuestra mayor atención: la Salvación por medio de la fe en el Jamadti, en el Amado.

Tenemos una pequeña hermana, que no tiene pechos.
(Cantares 8:8)

Dice rabbi Yohanán: "El citado versículo hace referencia a la provincia de Elam, que estaba destinada al aprendizaje solamente y no a la enseñanza, porque allí vivió el profeta Daniel, que no tuvo discípulos, mientras que Babilonia tuvo a Esdras, que dejó discípulos."
(TP, Capítulo VIII, Mishná I)

COMENTARIO

Los senos de la mujer sirven principalmente para alimentar a sus hijos. De esta manera, una persona que no enseña sus conocimientos, sino que los guarda para sí es semejante a una mujer que no tiene pechos.

Y es que enseñar a los demás lo que hemos aprendido es incluso un don espiritual, como Romanos 12:7 lo establece, de modo que en cualquier cosa que ayudemos a los demás con nuestro conocimiento, seremos comparables a las madres que amamantando están al pendiente de la correcta alimentación de sus pequeñuelos.

Yo soy muro, y mis pechos como torres.
(Cantares 8:10)

Dice rabbi Yohanán: "La frase: —Yo soy muro— hace referencia a la Ley, y la frase: —Mis pechos como torres— se refiere a los que estudian la Ley."
Rabha dijo: "La frase: —Yo soy muro— se refiere a la congregación de Israel, mientras que la frase: —Mis pechos como torres— se refiere a las sinagogas y a los colegios."
(TP, Capítulo VIII, Mishná I)

COMENTARIO

Aunque los rabinos tengan interpretaciones distintas, el punto nodal es el mismo: El estudio de la Biblia es como un muro a nivel personal, pero también lo es a nivel colectivo.

El actual Estado de Israel comprende muy bien lo que el estudio bíblico y la oración significan para el éxito de la nación, por eso dan un sueldo a todos los judíos religiosos que se dedican al estudio de la Ley.

De modo que la próxima vez que leamos las Sagradas Escrituras, sepamos que estamos levantando un muro de protección para nuestras vidas, y que entre más personas se sumen a esta noble tarea, estaremos también blindando a nuestra nación.

Isaías

Visión de Isaías hijo de Amoz, la cual vio acerca de Judá y Jerusalén en días de Uzías, Jotam, Acaz y Ezequías, reyes de Judá.
(Isaías 1:1)

Rabbi Yohanan dijo: "Ay de aquél que tiene un dominio que supera a su propio maestro, porque vemos que Isaías sobrevivió a cuatro reyes, como está escrito en el citado versículo, y esto también sucedió con los otros profetas."
(TP, Capítulo VIII, Mishná I)

COMENTARIO

Era común que un solo profeta continuara su obra con varios gobernantes, y esto porque los reyes eran depuestos debido a su conducta indigna por Moshel Erets, por el Enseñoreador de la Tierra.

De este modo, el rabino expresa una queja de dolor por

el profeta que tiene que sufrir al ver circular delante de sus ojos reyes corruptos.

Debiendo ser los gobernantes ejemplo a seguir, guiados por los siervos del Señor, sus comportamientos inmorales llevaban muchas veces a que los profetas mismos provocaran su derrocamiento ungiendo a otros reyes en vez de ellos, o haciendo descender el juicio y el castigo sobre sus personas por parte de HaMelej Tzebaót, del Rey de los Ejércitos.

Es una pena que en algunas congregaciones sucedan este tipo de situaciones, donde un grupo de insurrectos dividen a la gente por la conducta réproba de sus líderes.

Seamos líderes honestos, que es la única manera de mantener la bendición del Uno Santo para poder dirigir una congregación.

Y vendrán muchos pueblos, y dirán: Venid, y subamos al monte de YHVH, a la casa del Señor de Jacob.
(Isaías 2:3)

Rabbi Elazar dijo: "¿Por qué el citado versículo menciona al Señor de Jacob solamente, sin decir que también es Señor de Abraham y de Isaac?"

"Y no es que el Señor de Jacob no sea también el Señor de Abraham y de Isaac, sino que la casa de YHVH no es el monte concerniente de Abraham, por lo que Génesis 22:14 dice:

Y llamó Abraham el nombre de aquel lugar, en el Monte de YHVH será visto.

"Y no se trataba del campo de Génesis 24:63 donde Isaac salía a realizar sus devocionales:

Y había salido Isaac a meditar al campo.

"Sino la casa del Señor de Jacob, como en Génesis 28:19 está escrito:

Y llamó el nombre de aquel lugar Bet-El.

"Y Bet-El significa: —Casa del Señor—."

" Rabbi Yohanan dijo: "El día en que los hijos de Israel sean llamados del exilio, será tan grande como el día en que el mundo fue creado, porque en Oseas 1:11 está escrito:

Y se congregarán los hijos de Judá y de Israel, y nombrarán un solo jefe, y subirán de la tierra, porque el día de Jezreel será grande.

"Y también en Génesis 1:5 está escrito:

Y fue la tarde y la mañana un día.

"Y de aquí la comparación."
(TP, Capítulo VIII, Mishná I)

COMENTARIO

Desde la separación histórica en tiempo de los reyes de Israel entre los reinos del Norte y del Sur, se empezó a debatir el lugar histórico donde debía levantarse el Templo del Eterno, porque este lugar debía estar ligado a la teofanía con Abraham.

Es increíble darnos cuenta de que los sabios del Talmud comparten la misma reflexión de Yeshúa HaMashíaj cuando en el Nuevo Testamento está platicando con la samaritana y esta le pregunta el lugar donde se debe servir a HaOr HaAmiti, a la Luz Verdadera, a lo que el maestro responde en Juan 4:23 que: "los verdaderos servidores, servirán al Padre con la motivación correcta y según la Toráh, ni en el monte de Samaria ni en Jerusalén."

Si bien, de acuerdo a Mircea Eliade (1996), el monte es

el centro del Universo, el lugar por excelencia de unión entre el Creador y el hombre, el templo sustituye esa función, que en la actualidad, es la congregación la que enlaza al hombre con su Hacedor. De ahí radica la importancia de que asistamos de manera regular a nuestros centros religiosos de reunión.

Así, el lugar histórico terreno donde ocurrieron las teofanías y kratofanías bíblicas no es tan importante como la esperanza que debemos albergar de que en el Olám HaBáh, en el Mundo Venidero, habrá un solo monte santo para adorar al Moshía HaOlám, al Salvador del Mundo.

Y los corderos serán apacentados según su costumbre, y extraños devorarán los campos desolados de los ricos.
(Isaías 5:17)

De acuerdo al citado versículo, dijo Menasseh bar Yeremiah en el nombre del Rabh: "La frase —Según su costumbre— está expresada por la palabra hebrea *kedebarám* (כדברם), y *debur* (דבור) significa *hablar*, de modo que la expresión debe entenderse como: —Mientras ellos hablaban—."

"El término —corderos— hace referencia a los israelitas, de modo que el pasaje significa: —Y los israelitas serán *alimentados* mientras se habla de ellos—."

¿Y qué es lo que se hablaba de ellos?

Dice Abaye: "Por —extraños— debemos entender a los rectos, que en ese tiempo eran extraños, pero que en el futuro serán los habitantes de los campos, alimentándose en las ruinas de los ricos."

Le dijo Rabha: "Esta interpretación sería correcta si no estuviera la palabra —y— entre los dos pasajes, porque esa palabra le da al versículo un significado diferente."

Por lo tanto, el versículo tiene el significado que rabbi

Hananel en el nombre del Rabh dijo: "Que en el futuro, el recto tendría el poder de levantar a los muertos, porque en este versículo dice: —Y los corderos serán apacentados según su costumbre—, mientras que en Miqueas 7:14 dice:

Busqué pasto en Basán y Galaad, como en el tiempo pasado.

"Por —Basán— hace referencia a Eliseo, porque en 2 de Reyes 3:11 se dice que Eliseo es hijo de Safat, mientras que en 1 de Crónicas 5:12 dice Jaanai y Safat están en Basán, de modo que Eliseo el hijo de Safat era de Basán."

"Por —Galaad— hace referencia a Elías, porque en 1 Reyes 17:1 se nos dice que Elías tisbita era de los moradores de Galaad."

"Y ambos profetas, Eliseo y Elías, levantaban a los muertos."

"De modo que el pasaje de Isaías 5:17 que dice:

Y los corderos serán apacentados según su costumbre, y extraños devorarán los campos desolados de los ricos.

"Debe interpretarse: —Como en los días de Elías y Eliseo, que levantaban a los muertos, así también en el futuro otros hombres rectos tendrán este poder—."

Rabbi Samuel ben Nahmeni en el nombre de rabbi Yonathan concluye que podemos resucitar a los muertos del pasaje de Zacarías 8:4 que dice:

Así ha dicho YHVH de los ejércitos: Aún han de morar ancianos y ancianas en las calles de Jerusalén, cada cual con báculo en su mano por la multitud de los días.

Y también del pasaje de 2 de Reyes 4:29 que dice:

Y pondrás mi báculo sobre el rostro del niño.

"De modo que la inferencia de que los rectos tendrán el poder de levantar a los muertos se deduce de la analogía de los dos versículos, y el último habla de este poder resucitador."
(TP, Capítulo VI, Mishná I)

COMENTARIO

La deconstrucción bíblica la tenemos ejemplificada de tres modos que son utilizados con la presteza magistral que siempre ha caracterizado a los rabinos:

En primer lugar tenemos el análisis más profundo de una palabra, que en el hebreo hay que remontarla hasta su raíz, es decir, al significado más literal de la misma, como fue el caso de la reinterpretación de *dabar* (דבר), que tiene múltiples significados cuando se le añaden otras letras.

En segundo lugar, se presenta también una interpretación simbólica en una hermosa analogía donde se compara al pueblo de Israel con los corderos, que serán reivindicados de sus enemigos.

En la tercera manera de deconstrucción, los rabinos unen un verso de las Escrituras para ligarlo con otro y de este modo reinterpretan un versículo para esclarecernos que Galaad y Basán representan a los profetas Elías y Eliseo, y así entender el primer versículo que a su vez fue ligado por otra similitud del término cordero en Miqueas. Es decir, se da una reinterpretación de una reinterpretación deconstruida, lo cual añade veracidad a la primera exégesis.

Esta misma técnica se utiliza en el último caso, donde la gente que vive muchos años lleva en su mano un báculo, pero no un báculo cualquiera, sino el báculo que el profeta Elías utilizó para traer de los muertos al hijo de la sunamita en la historia de 2 Reyes 24.

En un plano más espiritual, podemos incluso aventurar una profecía mesiánica que cimienta su cumplimiento con el Mashíaj y con el poder de levantar a los muertos en su

nombre, como dice Mateo 10:8, cuando envía a los doce a resucitar muertos y a realizar otros tantos prodigios en su nombre.

Pero sus negocios y ganancias serán consagrados a YHVH; No se guardarán ni se atesorarán, porque sus ganancias serán para los que estuvieren delante de YHVH, para que coman hasta saciarse, y vistan espléndidamente.
(Isaías 23:18)

Finalmente, rabbi Ishmael les envió el siguiente dicho de su padre: "Habrá una ciudad que tenga trescientos sesenta y cinco mercados; Cada mercado tendrá trescientos sesenta y cinco puestos; Cada puesto tendrá trescientos sesenta y cinco escalones; Y en cada escalón habrá bienes suficientes para el mundo entero."

Entonces rabbi Shimeón y el hijo de Rabbi preguntaron a su padre: "¿A quién le pertenecerá tal ciudad?"

Y la respuesta fue: "Para ustedes, para sus colegas y para los amigos de los colegas, es decir, para los hombres rectos, como está escrito en el citado versículo."

(TP, Capítulo X, Mishná V)

COMENTARIO

HaOlám HaBáh, el Mundo Venidero, está lleno de promesas para los que perseveran en la doctrina de Yeshúa HaMashíaj. No nos cansemos, pues, de hacer el bien, como dice Gálatas 6:9, porque cosecharemos grandes bendiciones en la Resurrección de los Muertos.

La descripción de la ciudad celestial es una metáfora que anuncia el fin de la hambruna y de la justa distribución de los bienes venideros.

Dichosos vosotros los que sembráis junto a todas las aguas, y dejáis libres al buey y al asno.
(Isaías 32:20)

Cuatro cosas mandó nuestro santo Rabbi a sus hijos: "No vivan en la ciudad de Shakantzib, porque sus habitantes son escarnecedores."

"No se sienten en la cama de una mujer siria." Algunos creen que esto quiere decir que no se vayan a dormir sin recitar el Shema, y otros creen que significa no casarse con una prosélita, mientras que otros creen que lo decía de manera literal por lo que le sucedió a rabbi Papa.

"No traten de evadir impuestos, porque por una parte es un deber pagarlos; Además deben saber que si tratan de evadirlos, su propiedad corre el riesgo de ser confiscada."

"Finalmente, no se paren delante de un buey que está emergiendo de las marismas, porque en ese momento está tan salvaje que parece que Satanás se mueve entre sus cuernos."

Rabbi Samuel dice: "Este último consejo hace referencia solamente a los bueyes negros en el mes de Nissan."
(TP, Capítulo X, Mishná I)

COMENTARIO

El pueblo hebreo, con una larga historia de antisemitismo, buscaba siempre las ciudades donde la gente fuera más tolerante a sus costumbres y religión.

Esto me hace pensar que el año de 2011 fue un año especialmente difícil para la nación mexicana, porque el crimen organizado se disputaba a balazos en la vía pública los territorios en algunas ciudades importantes del país.

Monterrey, una tranquila ciudad del Norte de México, pronto se convirtió en uno de los lugares más peligrosos para vivir, tanto que muchos ciudadanos regiomontanos cambiaron su residencia a sitios más tranquilos.

En cuanto a la historia de la mujer siria, sentarse en la cama de una dama era correr el riesgo de contaminarse si la mujer estaba en su período menstrual.

Además de que la evasión fiscal es un delito que en la mayoría de los países se paga con la cárcel, Yeshúa HaMashíaj nos enseñó en Mateo 22:21 la hermosa frase que dice: "*dad pues a Eloah lo que es de Eloah, y al César lo que es del César.*"

El consejo final sobre el buey es bastante práctico, aunque también se puede generalizar al sugerir que se eviten situaciones en que podamos ponernos en riesgo en nuestra vida cotidiana, como evitar lugares que tienen mala reputación.

Si retrajeres del Shabbath tu pie, de hacer tu voluntad en mi día santo, y lo llamares delicia.
(Isaías 58:13)

Los discípulos de Eliyah pensaron: "A pesar de que rabbi Aquiba enseñó que un hombre incluso debe convertir su Shabbath como si fuera cualquier otro día, de modo que no dependa de la caridad, aun así se debe hacer alguna distinción en honor del Shabbath."

Dice rabbi Papa: "La distinción que se debe hacer es la de comer peces pequeños."

Como fue enseñado en la Mishná que rabbi Yehuda ben Thaima dijo: "Debes ser tan audaz como un leopardo."

"Ligero como un águila."

"Rápido como un venado y fuerte como un león para que puedas hacer la voluntad de tu Padre Celestial."

"Esto quiere decir que el hombre necesita hacer su mayor esfuerzo por honrar el Shabbath."

(TP, Capítulo X, Mishná I)

COMENTARIO

Antes de convertirme a la fe en el Camino de la Resurrección, asistía a la iglesia católica. Recuerdo cómo se adelantaba mi abuela para llegar al principio de la misa y cómo yo, en cambio, me tomaba mi tiempo para llegar antes de la bendición final del sacerdote, porque cuando lo hacía, mi abuela decía que lo importante había sido que recibiera la bendición.

A veces así es nuestra actitud hacia el día del Señor: Estamos atentos a todo, menos en concentrarnos en hacer la perfecta voluntad del Eterno y disfrutar del día que preparó para que tengamos nuestro encuentro con Él.

Con la neurosis de la sociedad moderna que nos hunde en un cúmulo de obligaciones y preocupaciones, debemos dar nuestro mayor esfuerzo para disfrutar al máximo nuestra comunión con el Uno Santo.

Asistir a nuestras congregaciones debe ser una experiencia que nos saque del caos diario.

DANIEL

Y mandó a hombres muy vigorosos que tenía en su ejército, que atasen a Ananías, Misael y Azarías, para echarlos en el horno de fuego ardiendo
(Daniel 3:20)

Hezkyah dijo: "Hay otra razón por la cual el Pequeño Hallel debe ser recitado, a saber, porque se ha mencionado que Hananías, Misael y Azarías fueron arrojados al horno de fuego y salieron ilesos."

"De modo que Ananías dijo lo que la primera parte del Salmo 115:1 dice:

No a nosotros, Oh YHVH.

"Mientras que Misael dijo la segunda parte del mismo versículo:

Sino a tu nombre da gloria.

"Y Azarías dijo la tercera parte:

Por tu misericordia, por tu verdad.

"Mientras que los tres juntos dijeron al mismo tiempo el versículo 2 del mismo Salmo 115:

¿Por qué han de decir las gentes: ¿Dónde está ahora su Señor?

"Y esto sucedió cuando fueron arrojados en el horno de fuego, porque cuando salió Ananías dijo lo que en el Salmo 117:1 está escrito:

Alabad a YHVH, naciones todas.

"Mientras que Misael dijo lo que la continuación del mismo versículo 1 dice:

Pueblos todos, alabadle.

"Mientras que los tres al mismo tiempo dijeron el versículo 2 del mismo Salmo:

Y la fidelidad de YHVH es para siempre. Aleluya.

"De acuerdo a otra versión, éste último versículo fue dicho por el ángel Gabriel, porque se dice que cuando Nimrod el malvado arrojó a Abraham nuestro padre en el horno de fuego, el ángel Gabriel le dijo al Señor: —Permíteme ir y enfriar el horno, para que no cause ningún daño a Abraham—."

"El Santo Uno, bendito sea, respondió: —Abraham es ahora el único que ha abandonado la idolatría y cree en el Eterno, y yo soy el Uno Único en el mundo, de modo que sería más que justo que el Uno Único rescatara a la otra excepción—."

"Y como el Uno Santo, bendito sea Él, no podría privar a ninguna criatura de su derecho de recompensa, le dijo a Gabriel: —Tendrás la oportunidad de rescatar a tres de sus hijos del horno de fuego, mientras que Yo mismo rescataré a Abraham—."

"De modo que Gabriel es el que dice el citado Salmo 117:2:

Porque ha engrandecido sobre nosotros su misericordia, y la fidelidad de YHVH es para siempre.

Rabbi Shimeón de Shiloni predicaba: "Cuando Nabucodonozor el malvado arrojó a Ananías, Misael y Azarías dentro del horno de fuego, el ángel Jurcami, maestro de las aguas, vino delante del Señor y le dijo: —Permíteme ir y enfriar el horno, de modo que rescate a los justos de la muerte—."

"Le dijo Gabriel: —Esto no probará el poder del Señor, porque es bien sabido que el agua extingue el fuego, y tú eres el maestro de las aguas, de modo que se verá normal si el horno se enfría por tus medios—."

"—Mejor que vaya yo, porque soy el maestro del fuego, y removeré el fuego de dentro del horno y lo haré más agresivo afuera, lo que será un milagro dentro de otro milagro, por cuanto el maestro del fuego hará que el fuego se enfríe en un lugar, pero se caliente más en otro—."

"Entonces el Señor dijo: —Ve tú, Gabriel, y hazlo así—."

"Entonces Gabriel dijo lo del Salmo 117:2:

Y la fidelidad de YHVH es para siempre.
(TP, Capítulo X, Mishná V)

COMENTARIO

En otra parte dentro de este escrito hemos visto lo complejos que son los Salmos por el juego que se realiza entre las diferentes personas y los tiempos.

También nos salda la duda que teníamos cuando se hacía mención de *maestros* del mar, del agua o del fuego, que en otra parte dijimos que hacía referencia más bien a ministros, mensajeros o ángeles, y es que en esta historia nos queda muy claro que el ángel Gabriel es el *maestro* del fuego, es decir, el ángel encargado de tal elemento.

Por otro lado, el Talmud nos ofrece en esta historia una interpretación única de los personajes bíblicos recitando diferentes estrofas del Salmo de acuerdo a las circunstancias que están atravesando.

En la práctica, como seguidores de Yeshúa HaMashíaj, debemos hacer lo que en muchas iglesias es una realidad diaria en la oración: Jugar con los versículos de los Salmos para que diferentes actores se bendigan mutuamente mediante el uso indistinto de esos textos, siempre guiados, por supuesto, por la voluntad de Eben, de la Roca y por la revelación más profunda de su Rúaj Hakodesh, de su Espíritu Santo.

OSEAS

Palabra de YHVH que vino a Oseas hijo de Beeri, en días de Uzías, Jotam, Acaz y Ezequías, reyes de Judá.
(Oseas 1:1)

Al mismo tiempo profetizaban cuatro profetas, y estos cuatro eran: Oseas, Isaías, Amós y Miqueas, pero el más grande de todos era Oseas, como en Oseas 1:2 está escrito:

El principio de la palabra de YHVH por medio de Oseas.

Fue explicado por rabbi Yohanan por qué Oseas fue el más grande: "El Santo Uno, bendito sea Él, dijo a Oseas: —Tus hijos han pecado—."

"Oseas respondió: —Ellos son tus hijos, los hijos de tus favoritos Abraham, Isaac y Jacob, y deberías extender sobre ellos tu misericordia—."

"Oseas continuó: —Creador del Universo, el mundo entero es tuyo, ¿por qué no los cambias por otra nación?—"

"Entonces el Señor le respondió: —¿Qué haré con este hombre viejo? Le diré que tome como esposa a una prostituta y tenga hijos de prostitución, y después le diré que la mande lejos, y si él es capaz de hacerlo, entonces echaré a Israel—. Tal y como en Oseas 1:3 está escrito:

Fue, pues, y tomó a Gomer hija de Diblaim, la cual concibió y le dio a luz un hijo.

Dijo rabbi Yehuda: "—Gomer— significa —conclusión—, y fue llamada de esta manera porque para este tiempo el dinero de los israelitas iba a ser abolido."

Dijo rabbi Yohanan: "Ya estaba abolido, porque los israelitas fueron despojados de todas sus posesiones, como en 2 de Reyes 13:7 está escrito:

Pues el rey de Siria los había destruido, y los había puesto como el polvo para hollar.

"Y más adelante, en Oseas 1:4 está escrito:

Y le dijo el Señor: Ponle por nombre Jezreel.

"Y —Jezreel— significa —esparcir—, y más adelante, en el versículo 6 dice:

Concibió ella otra vez, y dio a luz una hija. Y le dijo Adonai: Ponle por nombre Lo-ruhama, porque no me compadeceré más de la casa de Israel, sino que los quitaré del todo.

"—Lo-ruhama— significa: —sin encontrar misericordia—, y más adelante, en los versículo 8 y 9 dice:

Después de haber destetado a Lo-ruhama, concibió y dio a luz un hijo. Y dijo el Señor: Ponle por nombre Lo-ammi, porque vosotros no sois mi pueblo, ni yo seré vuestro Señor.

"Y —Lo-ammi— significa: —no es mi pueblo—, de modo que después de que le habían nacido a Oseas dos hijos y una hija, el Señor le dijo: —¿No aprendiste del ejemplo de Moisés, quien inmediatamente después de que empecé a hablarle, se separó de su esposa? Así como hizo él, harás tú—."

"Oseas respondió: —Señor del Universo, tengo hijos con ella, y no la puedo echar lejos ni tampoco a los niños—."

"Entonces el Eterno respondió: —Si tú, teniendo una esposa prostituta y cuyos hijos sabes que ni siquiera son tuyos, no te puedes separar de ella, ¿cómo puedo echar a mis hijos, el pueblo de Israel cuyos padres, Abraham, Isaac y Jacob he probado?—."

"—Además, Israel es una de mis cuatro adquisiciones que he comprado en mi mundo, ¿y tú me dices que lo cambie por otra nación?—."

"Tan pronto como Oseas se dio cuenta de que había pecado, comenzó a orar pidiendo misericordia para él."

"Entonces el Señor le dijo: —En vez de pedir misericordia para ti, ora para que tenga misericordia por Israel, porque por medio de ti he dado tres juicios con el nombre de tus hijos—."

"Así que Oseas hizo la voluntad de Adonai y después de orar por Israel, los tres juicios fueron retractados y anulados."

"Finalmente, después de que todo esto sucedió, Oseas comenzó a bendecir a la gente, como en Oseas 1:10-2:1 está escrito:

Con todo, será el número de los hijos de Israel como la arena del mar, que no se puede medir ni contar. Y en el lugar en donde les fue dicho: Vosotros no sois pueblo mío, les será dicho: Sois hijos del Creador Viviente. Y se congregarán los hijos de Judá y de Israel, y nombrarán un solo jefe, y subirán de la tierra,

porque el día de Jezreel será grande. Decid a vuestros hermanos: Ammi, y a vuestras hermanas: Ruhama.

"Y —Ammi— significa: —mi pueblo— y —Ruhama— significa: –han obtenido misericordia."
(TP, Capítulo VIII, Mishná I)

COMENTARIO

Tenemos un excelente resumen e interpretación del libro de Oseas. ¿Cómo entender que la voluntad del Santo para un hombre es que sufra en el matrimonio en manos de una mujer infiel? De acuerdo a esta explicación bíblica, la falta de misericordia del profeta trajo el castigo divino, pero es un castigo que tiene como finalidad exponer la gran piedad y abundante paciencia hacia nuestras vidas de El Jai, de El Viviente.

La enseñanza es clara: Orar pidiendo misericordia para que los juicios del Creador del Universo sobre la vida de los pecadores sean anulados, y en cambio, la gracia se derrame de tal manera que esos pecadores vengan al conocimiento de Yeshúa HaMashíaj y puedan recibir por medio de la fe en su sangre, el perdón de sus pecados y la salvación de sus almas como dicta Romanos 3:25.

En aquel tiempo, dice YHVH, me llamarás Ishi, y nunca más me llamarás Baali.
(Oseas 2:16)

En el citado versículo que dice: —En aquel tiempo, dice Adonai, me llamarás Ishí, y nunca más me llamarás Baalí—, el término hebreo —Ishi— (אִישִׁי), se traduce como —mi esposo— y —Baali— (בַּעְלִי) como —mi Señor—, de modo que decía rabbi Yohanan: "Esto significa que Israel estará tan cercano del Señor como una mujer que vive en casa del esposo está cercana a su esposo, y no como quien sigue viviendo en la casa de los padres."

(TP, Capítulo VIII, Mishná I)

COMENTARIO

En México a principio de los noventas comenzó a darse un fenómeno social conocido como Generación X.

Se trataba de las personas que habían nacido en la década de los setentas, y que cuando habían terminado sus estudios universitarios, aproximadamente a la edad de veinte años, se veían imposibilitados de salir de casa de sus padres porque la situación económica del país no se los permitía.

Estos jóvenes se casaban y pasaban varios años viviendo con los progenitores hasta que finalmente contaban con los recursos para independizarse. Algunos nunca lograban esa independencia, sino que hacían un estilo de vida el permanecer en la casa paterna.

El tiempo que pasaban con los papás era un tiempo difícil para todos, porque tanto la pareja como los procreadores anfitriones necesitaban su privacidad y su propio espacio, y si en ese tiempo concebían hijos, los problemas se agudizaban.

Esto es lo que nos señala la interpretación talmúdica y que es acorde con el libro del Apocalipsis: Que el pueblo del Mélej HaGoim, del Rey de los Gentiles, tendrá una total independencia en el *Olám HaBáh*, en el Mundo Venidero, cuando Yeshúa HaMashíaj haya consumado su matrimonio con la iglesia, que en términos espirituales es su esposa.

AMÓS

Comen los corderos del rebaño, y los novillos de en medio del engordadero.
(Amós 4:6)

Rabbi Yitzhak dijo: "Aquel que disfruta de una comida que no es servida de acuerdo a un deber religioso, finalmente incurre en pena de exilio, como está escrito en el citado verso, que se complementa más adelante en Amós 4:7 cuando dice:

Por tanto, ahora irán a la cabeza de los que van al exilio.

Hemos aprendido en una Boraitha que rabbi Shimeón dijo: "Una comida que no es servida de acuerdo a un deber religioso no debe ser disfrutada por un *jajám* del Talmud."

"¿Pero a qué tipo de comida se refiere?"

Dice rabbi Yohanan: "La comida de bodas servida cuando un israelita normal se casa con la hija de un sacerdote, o cuando una persona común se casa con la hija de un *jajám* del Talmud."

Y es que rabbi Yohanan siempre sostenía que dichas alianzas no terminarían bien.

Pero esto no es así, ¿No dice rabbi Yohanan en otra parte, que aquel que se vuelve rico debe aliarse con los descendientes de Aarón, donde la unión de prestigio y conocimiento los hará ricos?

Para un *jajám* es benéfico casarse con la hija de un sacerdote, pero no para una persona común.

Rabbi Yehoshúa se casó con la hija de un sacerdote. Después enfermó y preguntaba: "¿No está Aarón contento de que sus descendientes me reciban como yerno?"

Rabbi Idi bar Abhin también se casó con la hija de un sacerdote, y tuvo dos hijos: Ambos se convirtieron en grandes rabinos. Ellos son rabbi Sheshet y rabbi Yehoshúa.

Rabbi Papa decía: "Si no me hubiera casado con la hija de un sacerdote nunca me habría hecho rico."

Rabbi Kahana decía: "Si no me hubiera casado con la hija de un sacerdote, nunca me habrían enviado al exilio."

Entonces le preguntaron: "¿Pero qué has sufrido, si huiste a un lugar de estudio?"

Respondió: "No me fui al exilio de manera voluntaria para mejorar mis estudios o mi condición social, sino que fui obligado a huir de la persecución del gobierno."

Unos rabinos enseñaron: "Un académico que cede a las muchas comidas destruye su casa, hace que su esposa enviude, que sus hijos sean huérfanos, que su conocimiento desaparezca, es envuelto en luchas, sus palabras se hacen descuidadas, profana el nombre del Cielo, avergüenza a su maestro y a su padre, y deja atrás una mala fama para él y para sus hijos de generación en generación."

Otros rabinos enseñaron: "Un hombre debería vender todas sus posesiones y casarse con la hija de un estudioso de la Toráh, porque aunque muera o sea forzado al exilio, se asegurará de que sus hijos sean académicos, y no debe buscar casarse con la hija de un hombre común, porque si muere o es forzado a ir al exilio, sus hijos serán personas comunes."

Otros rabinos enseñaron: "Un hombre debería vender todas sus posesiones para asegurar que su hija se case con un académico. Esto es comparable a las uvas que son plantadas entre otras uvas en un viñedo, que son rápidamente asimiladas y presentan buena apariencia. Si una persona común es asegurada como esposo de la hija, es como plantar uvas en medio de espinas, donde no se pueden alcanzar."

Los rabinos enseñaron: "Un hombre debía vender todas sus posesiones y asegurar a la hija de un académico como esposa, y si no puede asegurar a la hija de un académico, debería tratar de obtener una hija de uno de los hombres más prominentes de su época. Si no lo logra, debe buscar a la hija del hombre más prominente en su comunidad, y si falla en esto, debe buscar a la hija de un hombre caritativo, y si aún en esto falla, debe buscar a la hija de un maestro de niños, siempre y cuando evite el matrimonio con la hija de un hombre común."

Hemos aprendido en una *Boraitha* que rabbi Meir dijo: "Aquel que da su hija a una persona común es como si la entregara a los leones, porque así como el león rasga y devora a su víctima sin ningún remordimiento, así el hombre común golpea a su mujer, luego se reconcilian y él no siente vergüenza de lo que hizo."

(TP, Capítulo III, Mishná VIII)

COMENTARIO

2 Corintios 6:14 nos dice que la unión entre yugos desiguales siempre traerá problemas en el matrimonio. Cuando se casan teniendo creencias diferentes, bien sea uno creyente en Yeshúa HaMashíaj y el otro sea ateo, o uno dedicado a los ídolos de yeso y el otro creyente, los problemas en el matrimonio empiezan con los niños: ¿En qué

iglesia se bautizan? ¿Cómo se presentan? ¿Qué dogma de fe se les enseña?

Es recomendable excluir a la gente que no comparte la misma fe en cuestiones matrimoniales, porque si a veces el matrimonio es difícil, cuánto más cuando uno de los dos cónyuges no comprende la autoridad en la iglesia en todos sus aspectos, y cuando es necesaria la consejería no hay comprensión ni sujeción.

Un ejemplo complejo es cuando estos yugos además implican el servicio al ministerio, para lo cual se necesita un llamado especial. En muchas ocasiones hemos visto a los ministros solos porque no reciben apoyo de sus cónyuges, y es que al escoger pareja, cuando existe un llamado al ministerio, debe seleccionarse también una ayuda idónea que tenga una vocación similar.

En los tiempos en que fue escrito el Talmud, la costumbre era que los padres escogieran pareja para sus hijos, y se acostumbraba dar una dote cuando eran mujeres.

Aunque los tiempos han cambiado, los padres ejercen una influencia fuerte en el momento en que los hijos toman su decisión de contraer matrimonio, y aunque los hijos no quieran escuchar a sus padres, es una obligación expresarles los motivos por los cuales nos gustan o no sus parejas.

Poner siempre a nuestro cónyuge en oración, de modo que sea Neemán Hu, Aquel que es Fiel, el que guíe a la persona a escoger a su tal para cual.

Entonces el sacerdote Amasías de Bet-el envió a decir a Jeroboam rey de Israel: Amós se ha levantado contra ti en medio de la casa de Israel, la tierra no puede sufrir todas sus palabras.
(Amós 7:10)

Rabbi Yohanan dijo nuevamente: "¿Por qué a Jeroboam, rey de Israel, le fue destinado ser contado con los reyes de la casa de

David? Porque no escuchó las calumnias traídas a Amós, como está escrito en el citado versículo, y más adelante en Amós 7:11 dice:

Porque así ha dicho Amós: Jeroboam morirá a espada.

"Y Jeroboam respondió: —El Señor prohíba que Amós, el hombre recto, haya dicho esto; pero si así lo hizo, ¿qué puedo hacer yo? Seguramente la Shejiná dio las palabras en su boca—."

Rabbi Elazar dijo: "Aun cuando el Señor está enojado, recuerda su misericordia, como en Oseas 1:6 está escrito:

Porque no me compadeceré más de la casa de Israel, sino que los quitaré del todo.

"Debemos leer en cambio: —Porque no los quitaré del todo, sino que me compadeceré de la casa de Israel—."

Rabbi Yoséf bar Hanina dijo: "La última parte del versículo puede ser construida de modo que signifique que sus pecados van a ser perdonados."

Rabbi Elazar dijo nuevamente: "El Uno Santo, bendito sea, envió a los hijos de Israel al exilio entre los paganos con el solo propósito de convertir más pueblo, como en Oseas 2:23 dice:

Y la sembraré para mí en la tierra, y tendré misericordia de quien no tenía misericordia.

"Porque como algo lógico, se siembra para segar una cosecha."

Rabbi Yohanan infiere por la segunda parte del versículo de Oseas 2:23 que dice:

Y tendré misericordia de quien no tenía misericordia.

Y dice: "Hace referencia a los paganos que todavía no se habían convertido y sobre quienes la misericordia sería esparcida gracias a la semilla fructífera de los israelitas."

Rabbi Yohanan dijo en nombre de rabbi Shimeón ben Yojai: "En Proverbios 30:10 está escrito:

No acuses al siervo ante su señor, no sea que te maldiga, y lleves el castigo.

"Y más adelante, en el versículo 11 está escrito:

Hay generación que maldice a su padre y a su madre no bendice.

"Lo cual significa que incluso en una generación que maldice a sus padres, un hombre no tiene por qué calumniar al esclavo de su maestro. ¿Cómo sabemos esto? Por la situación de Oseas, que habla de una manera derogatoria contra Israel, y luego incurre en la ira del Señor."

Rabbi Hiya pensó: "Lo que en Job 28:23 está escrito:

Adonai entiende el camino de ella, y conoce su lugar.

"Significa que el Señor conoció que los hijos de Israel no podrían soportar el comportamiento tiránico de los edomitas o de los romanos, y por esa razón el Señor los envió a Babilonia o a Persia, donde no fueron compelidos a sufrir demasiado."

Rabbi Elazar dijo: "¿Por qué Israel fue exiliado a Babilonia? Porque Babilonia es tan bajo como la tumba, como en Oseas 13:14 está escrito:

De la mano del Seol los redimiré, los libraré de la muerte.

Rabbi Hanina dijo: "Fueron exiliados a Babilonia porque su lenguaje es similar al vernáculo de la Toráh."

Rabbi Yohanan dijo: "Fueron exiliados allá porque ese era su país nativo, por cuanto Abraham venía de Babilonia, y esto puede servir como ejemplo de un hombre que se ha molestado con su esposa y la envía de vuelta a casa de sus padres"

De acuerdo a la opinión de rabbi Alexander: "Tres cosas regresan a sus orígenes, a saber:, Israel; El dinero que tomaron de Egipto y la escritura en las tablas del decálogo."

"Israel, como se mencionó que volvió a Babilonia;"

"El dinero que tomaron de Egipto, como en 1 Reyes 14:25-26 está escrito:

Al quinto año del rey Roboam subió Sisac rey de Egipto contra Jerusalén, y tomó los tesoros de la casa de YHVH, y los tesoros de la casa real.

"Y las tablas del decálogo, como en Deuteronomio 9:17 está escrito:

Y las quebré delante de vuestros ojos.

"Y hemos aprendido en una Boraitha que las tablas fueron rotas y que las letras inscritas en ellas se desvanecieron."

Ula, mostrando su opinión, dice: "Israel fue exiliado a Babilonia porque el costo de la vida era más bajo allá, y las personas podían vivir con poco dinero y al mismo tiempo estudiar la Toráh."

Ula vino una vez a Pumbaditha, y le trajeron una canasta de dátiles; Entonces preguntó cuántas de esas canastas se podían comprar por un zuz.

Se le dijo que por un zuz se podían comprar tres canastas.

Dijo así mismo: "Una gran canasta de miel por un zuz, y aun así los babilonios no estudian lo suficiente la Toráh."

Después de que comió dátiles de más, le pareció el sabor de lo más horrible. Dijo para sí mismo esta vez: "Una canasta de veneno por un zuz, y aun así los babilonios pueden estudiar la Toráh."

(TP, Capítulo VIII, Mishná I)

COMENTARIO

A veces pensamos en los acontecimientos de nuestra vida como hechos nefastos, son resultado de nuestros pecados y de nuestras obras impías, sin embargo, en esta historia, un hecho tan tremendo como fue el exilio del pueblo de Israel a Babilonia, es entendido por los sabios del Talmud como un acontecimiento dentro de un plan mayor del Jemdát, del Deseado, donde en realidad revelaría su gran misericordia a sus amados.

Ante esto debemos entender que el Uno Santo tiene un plan específico para nuestras vidas, y como dice el rabino Pablo en 2 Corintios 2:14, que HaAdón Yeshúa, el Señor Salvador, nos lleva siempre en triunfo en el Mashíaj, como de gloria en gloria.

De modo que aún las situaciones más difíciles de nuestra existencia tienen un propósito específico cuando confiamos en el Creador del Universo, y por ende, debemos mantener un pensamiento positivo y altruista.

Entre más depositemos nuestra confianza en el Señor, las vicisitudes cotidianas nos serán más sencillas.

ZACARÍAS

Y acontecerá que en ese día no habrá luz clara, ni oscura.
(Zacarías 14:6)

¿A qué se refiere el citado versículo con —luz clara ni oscura—?

Rabbi Elazar dice: "Quiere resaltar que lo que es considerado una luz fuerte en este mundo, no es más que una luz clara en el Mundo Venidero."

Rabbi Yehoshúa ben Levi dice: "Ese pasaje quiere establecer que aquellos hombres que son considerados unos iluminados en este mundo, están envueltos en oscuridad en el Mundo Venidero."

Una vez le sucedió a rabbi Yoséf el hijo de rabbi Yehoshúa ben Levi que cayó en trance, y cuando se levantó lo cuestionó su padre acerca de lo que había visto en su estado extático, y respondió: "Vi un mundo al revés: Aquellos que eran cabeza en este mundo, eran los más bajos allá, y aquellos que eran los más bajos de este mundo eran cabeza allá."

Su padre le dijo: "Mi hijo, has visto el mundo correcto, ¿pero cómo aparecíamos allá los académicos?"

Rabbi Yoséf respondió: "Estamos en el mismo nivel allá que acá. Escuché que se decía: —Bueno es para el hombre que ha traído su conocimiento con él— y luego fue dicho: —El lugar para aquellos que han sufrido muerte de mártires para la gloria de Adonai no puede ser ocupado por ningún otro hombre—."

¿Esto hace referencia a rabbi Aquiba y a sus compañeros? ¿Recibieron solamente un lugar especial por ser mártires, no recibieron también méritos?

Debe entonces hacer referencia a los dos hermanos que se sacrificaron ellos mismos en Lud, que por salvar a la comunidad judía, que iba a ser masacrada acusada de haber perpetrado el crimen de la hija de una princesa, confesaron la culpabilidad siendo ellos inocentes, salvando así a toda la comunidad de la persecución.

(TP, Capítulo III, Mishná VIII)

COMENTARIO

Del mundo espiritual, cuando sea la Resurrección de los Muertos, tenemos pocas referencias, lo que sí es cierto es lo que dijo Yeshúa HaMashíaj en Marcos 10:44, cuando nos enseña que: *"aquellos que quieran ser los primeros y más altos en el Reino de los Cielos, deben ser los que primero sirvieron a los demás en la tierra."*

De modo que la enseñanza es respecto al servicio, porque muchas veces pensamos que como somos hijos del Mélej Rab, del Gran Rey, nos deben rendir pleitesía, y nos olvidamos que la corona de nuestro rey fue de espinas, y que el maestro vino a servir liberando a los cautivos, lavando los pies de sus discípulos y enseñándonos que el verdadero camino es el de la humildad.

Seamos más asistenciales en nuestras congregaciones, en

nuestros hogares y en nuestros trabajos, viendo cómo podemos ayudar, a veces levantando sillas, poniendo las cosas en su lugar o socorriendo a los demás para que cuando se hable acerca del Camino de la Fe, sea engrandecido el Señor.

Y YHVH será rey sobre toda la tierra. En aquel día YHVH será uno, y uno su nombre.
(Zacarías 14:9)

¿A qué se refiere el citado versículo con —En aquel día—? ¿No es Adonai incluso hoy?

Dice rabbi Aha bar Hanina: "Este mundo no es como el Mundo Venidero. En este mundo, cuando las cosas buenas se reciben, los hombres dicen: —Bendito sea Él que es bueno y hace el bien a los demás—, y cuando se reciben malas noticias se dice: —Bendito sea Él que juzga en verdad—."

"Pero en el Mundo Venidero la primera bendición será la única que se pronuncie, porque no habrá más malas noticias."

¿Por qué dice: —y uno su nombre—? ¿No es su nombre uno en nuestros días?

Dice rabbi Nahman bar Yitzhak: "El Mundo Venidero no es como este mundo. En este mundo el Nombre escrito es YHVH y se pronuncia Adonai, mientras que en el Mundo Venidero será pronunciado como se escribe."

(TP, Capítulo III, Mishná VIII)

COMENTARIO

El *Olám HaBáh*, el Mundo Venidero, es el fundamento del Nuevo Testamento: la fe en Yeshúa HaMashíaj es la esperanza en la Resurrección de los Muertos, porque el Mashíaj es el único que tiene palabras de vida eterna, como dice Juan 6:68.

El gran premio de la fe no se recibe en esta vida. Si bien es cierto que Adonai *"es galardonador de los que le buscan,"* como dice Hebreos 11:6, y que bendice abundantemente a sus seguidores, la verdadera Bendición se nos dará en el Cielo.

La Biblia está llena de promesas y de múltiples bendiciones que recibiremos todos aquellos que confesamos nuestra fe en el Mashíaj. Perseveremos en mantener viva la esperanza de nuestra fe.

MALAQUÍAS

Porque los labios del sacerdote han de guardar la sabiduría, y de su boca el pueblo buscará la ley.
(Malaquías 2:7)

Hemos aprendido en una *Boraitha* que rabbi Eliezer decía: "Si la gente común no nos busca para su propio beneficio, deberían entonces degollarnos."
(TP, Capítulo III, Mishná VIII)

COMENTARIO

Asistir a la congregación, recibir el consejo de nuestros líderes y ser dóciles a la palabra de Adonai redituará en nuestro propio beneficio. A veces pensamos que el consejo que nos dan nuestros ministros es equivocado o que la palabra es anticuada y para nada cuadra con nuestra vida, sin darnos cuenta que las Sagradas Escrituras trascienden el tiempo, el espacio, las fronteras nacionales, la lengua y la cultura, haciéndose una palabra universal, *"viva y eficaz,"* como dice Hebreos 4:12.

De una manera sarcástica, rabbi Eliezer reconoce que en el momento en que la gente deje de buscar la sabiduría del labio del sacerdote, será preferible la muerte que ver la decadencia en el mundo, guiado por su falsa moral y por sus expectativas mundanas.

Volvámonos a nuestros ministros y seamos dóciles, entendiendo que ellos buscan solamente nuestro bienestar.

II
INTERPRETACIONES
TALMÚDICAS
DEL NUEVO
TESTAMENTO

MATEO

Y al Hijo del Hombre, que ha venido comiendo y bebiendo con todos, le dicen: He ahí un glotón y un bebedor de vino.
(Mateo 11:19)

Rabbi Papa y rabbi Huna el hijo de rabbi Yehoshúa acordaron comer juntos. Al momento que rabbi Huna tomó un dátil para comérselo, rabbi Papa ya se había comido cuatro.

Le dijo rabbi Huna: "Dame lo que me toca y déjame ir."

Rabbi Papa le respondió: "Estamos todos juntos, mejor come tan rápido como yo." Entonces rabbi le empezó a exhortar acerca de las divisiones entre camaradas y acerca de la *Boraitha* que hablaba de la amistad ordinaria, pero no oyendo rabbi Huna, rabbi Papa le dio su parte.

Rabbi Huna entonces se fue y se reunió con Rabhina, pero mientras rabbi Huna bar rabbi Yehoshúa se comía un dátil, Rabhina se comía ocho.

Entonces dijo rabbi Huna: "Prefiero a cien Papas que a un Rabhina."

(TP, Capítulo VIII, Mishná V)

COMENTARIO

Estaba de vacaciones en Egipto con un compañero de la Universidad Hebrea de Jerusalén. Comíamos pizza egipcia a las afueras del mercado Khan al Khalili en el Cairo. Acostumbrado como estaba a devorar la pizza, pronto mi compañero se molestó conmigo y me reclamó que no comiera tan rápido, porque no podía disfrutar su pizza en lo que le parecía una desenfrenada competencia por ver quién comía más pedazos. Cuando leí esta historia talmúdica recordé mi experiencia.

Aunque el Talmud nos exhorta a la tolerancia, al respeto y a la paciencia que debemos tener hacia la manera en que las demás personas comen, en una sociedad como la nuestra, estamos acostumbrados a comer rápido porque tenemos tantas cosas qué hacer, y que además hemos caído en una cultura de la comida rápida, del café instantáneo, de las transacciones automáticas y otras tantas rapideces de la sociedad moderna. Así también queremos los milagros: como meter un plástico al cajero y en automático, recibir el milagro.

Debíamos detenernos un poco a la hora de la comida y disfrutar más del sabor, del sazón, que a más de ser una bendición para nuestras vidas, también nos ayudará a tener una mejor y más sana digestión.

Mi casa será llamada Bet Tefilah para todas las naciones, mas por estas cosas ilegítimas que hacéis, la habéis convertido en una casa de ladrones.
(Mateo 21:13)

Se decía que rabbi Yohanan ben Zakai se sentaba a la sombra del Templo y allí enseñaba todo el día: Buscaba la sombra proyectada por la altura del Templo para escapar del calor de sol.

Sin embargo, el Templo había sido santificado y no debería usarse para fines profanos.

En este caso se trataba de una situación necesaria, porque rabbi Yohanan tenía que utilizar un espacio abierto porque no podía encontrar un lugar lo suficientemente amplio para acomodar a su audiencia, y mientras buscaba la sombra del Templo, lo hacía con la intención de beneficiarse, que aunque fuera un acto intencional premeditado, era permisible.

(TP, Capítulo II, Mishná I)

COMENTARIO

Los meses de calor en Israel empiezan en abril y se extienden hasta septiembre, alcanzando temperaturas de hasta 42 grados centígrados. Nos llamaba mucho la atención a mi esposa y a mí, que las hormigas de Israel estuvieran diseñadas ergonómicamente para estas temperaturas: Con sus abdómenes levantados hacia el cielo pueden caminar muy rápidamente en las horas de mayor calor.

Cuando salíamos a la calle en la temporada de calores, nos guarnecíamos del sol en las sombras de los edificios caminando rápidamente de una sombra a otra, y le llamábamos a nuestro caminar "paso de hormiga israelí." Es natural que el rabino buscara menguar el calor a la sombra del Templo.

No obstante, aún la sombra del objeto sagrado debe ser motivo de temor reverente, como dice de Pedro en Hechos 5:15 que: *"los enfermos se contentaban con que su sombra pasara sobre alguno de ellos."* En la antigüedad, alcanzar la sombra de algún rey implicaba ponerse bajo su protección (Frazer, 1994), de tal manera que la sombra del Templo, y el Templo mismo, donde se manifestaba la presencia del Sar UMoshía, del Gobernador y Salvador, era como ponerse bajo su cobertura.

Quizás el rabino Yohanan ben Zakai buscaba ponerse bajo la protección divina mediante la sombra del Templo. Sin embargo, debemos tener mayor cuidado de nuestras congregaciones, no permitiendo que nuestros hijos jueguen en ellas, ni cediendo a que toquen los instrumentos de música que han sido consagrados para alabar al Sar HaJaím, al Gobernador de los Vivos.

Y respondiendo este dijo: "No quiero," pero después, habiendo vuelto en sí, fue.
(Mateo 21:29)

Rabbi Meir sostenía que la intención original era válida solamente para un acto. Cuando la intención había cambiado después de realizar el acto, esa intención perdía validez.

Mantenía que incluso si dos actos fueran acompañados con dos intenciones diferentes, el que fue acompañado con la intención original excedía a aquel de la intención que había sido modificada.

(TP, Capítulo IV, Mishná II)

COMENTARIO

Hay una parábola en Mateo 21:28-32, donde el hombre le pide a sus dos hijos que vayan a trabajar al viñedo. Uno le responde que no irá pero va, mientras que el segundo le dice que irá, pero no va. Para Yeshúa HaMashíaj, el que hizo la voluntad del Adón, del Señor, fue el primero, el que fue.

Esta bellísima parábola podemos entenderla a la luz de la historia talmúdica, donde se nos enseña que el primer hijo hubiera tenido mucha mayor gloria si desde un principio hubiera accedido a ir al viñedo y hubiera puesto por obra esta decisión.

El judaísmo habla del principio de la *kavaná*, la intención, que impactará nuestra vida espiritual, y que nos exhorta a realizar nuestras actividades de la mejor manera posible.

Aunque el Mashíaj se queda satisfecho con que hagamos la voluntad del Padre, podemos dar el mejor esfuerzo en nuestras acciones si desde un principio doblegamos nuestras almas para someternos a nuestro Adón BaShamaim, a nuestro Señor Celestial.

Luego tomó una copa, la de la redención, y confesó la bendición sobre ella dando gracias al Padre.
(Mateo 26:27)

Cuando se tomaba el vino durante la Pascua, se enseñaba en el nombre de rabbi Nahman que se debía adoptar una posición inclinada, pero también se enseñaba que no se debía adoptar esta posición.

Aunque parecía contradictorio, en realidad no lo era. El estatuto de rabbi Nahman, de que una posición inclinada era necesaria cuando se tomaba el vino hacía referencia a las primeras dos copas, mientras que la posición no inclinada hacía referencia a las últimas dos copas.

Y es que las primeras dos copas simbolizan el comienzo de la libertad de la esclavitud previa de los judíos, mientras que las dos últimas copas no tienen este significado.

Otros opinan lo contrario, que las primeras dos copas son un recordatorio de los días de esclavitud, por lo cual no debe uno inclinarse, mientras que las últimas dos copas son un recuerdo del principio de libertad, y por eso deben beberse en una posición reverencial.

Rabbi Yehoshúa ben Levi añadió: "Las mujeres deben también beber las cuatro copas, porque ellas también fueron incluidas en los milagros que nos liberaron de Egipto."

(TP, Capítulo X, Mishná I)

COMENTARIO
Yeshúa HaMashíaj toma estas copas de la Pascua con sus discípulos, porque la cena de Pascua representa la libertad

que trajo a nuestras vidas por medio del derramamiento de su sangre preciosa en la cruz para el perdón de nuestros pecados y para la sanidad de nuestras enfermedades.

Por otra parte, debemos siempre recordar nuestro pasado, pues la vida de pecado y de perdición en la que muchos estuvimos, muestra también la grandeza de Imanuel, de Aquel que es con Nosotros, al perdonar nuestros pecados más nefastos.

Si nos inclinamos para darle gracias a Yeshúa HaMashíaj por habernos librado de esta esclavitud, también debemos inclinarnos para suplicar que en su misericordia nunca volvamos a esa vida de perdición.

MARCOS

Porque todo lo que se ha permitido que esté oculto, es para que a su tiempo sea manifestado y lo que se ha permitido que esté encubierto, es para que después salga a la luz.
(Marcos 4:22)

Tres cosas decía rabbi Yohanan en nombre de los grandes hombres de Jerusalén: "Cuando vayas a la guerra y no puedas persuadir a los otros para que se te unan, quédate lo más posible para ver si los hombres que reclutaste irán todos, y luego ve tú, al último, y tu recompensa al regreso será que seas el primero."

"Deberías hacer de tu Shabbath como cualquier otro día, y evitar depender de la caridad y asociarte con alguien cuya fortuna le sonríe."

Rabbi Yehoshúa ben Levi también decía tres cosas en nombre de los grandes hombres de Jerusalén: "No hagas actos privados en público, porque habrá muy malas consecuencias por ello; Si tu hija está en edad casadera, libera a tu esclavo y dásela en matrimonio, pues es preferible casarla a que se quede soltera; Y cuida a tu esposa de su primer yerno."

Dice rabbi Hisda: "Esto por causa del amor."

Rabbi Kahana dice: "Más bien por causas de dinero. En realidad, ambas cosas deben tomarse en cuenta."

(TP, Capítulo X, Mishná I)

COMENTARIO

Los religiosos ortodoxos siempre han estado en contra de las guerras, tanto que el actual Estado de Israel, que enlista a hombres y a mujeres para servir en el ejército, respeta la decisión de los religiosos que no prestan servicio militar. Esta actitud muestra un profundo respeto hacia la vida.

En esta historia debemos entender la dependencia de la caridad en términos más bien de limosna. Se ha vuelto común ver a gente que en la plenitud de su vida pide caridad en vez de desarrollar alguna actividad lucrativa.

Si bien, a veces lo justificamos diciendo que las condiciones económicas del país no le permiten a tal o cual persona salir adelante, o que los sueldos son tan bajos que le conviene más pedir limosna, en realidad el consejo talmúdico se enfoca en el autoempleo y en la búsqueda de fortuna levantando un negocio propio. Es difícil, por supuesto, pero con la ayuda del Eterno nada es imposible, como dice Marcos 9:23, que todo es posible para el que tiene absoluta confianza que será como el Padre ha prometido.

En relación a los actos privados que no deben de realizarse en público, en México tenemos un refrán que dice: "Los trapos sucios se lavan en casa," dando a entender que los asuntos privados de una persona deben mantenerse en ese orden de lo privado.

El último consejo talmúdico se relaciona al matrimonio, que ciertamente es una gran bendición. El Talmud nos enseña que el cónyuge no debe estar sujeto a posición económica ni a estatus social, sino que se debe buscar ante todo a una buena persona, porque el dinero y la fama vienen y van, pero el hombre o la mujer que tienen un buen corazón serán el apoyo idóneo cuando haya momentos de necesidad.

Y llegado el Shabbath, comenzó a enseñar en la sinagoga. (Marcos 6:2)

Rabhina dijo: "Una vez vine a Sura y oré en la Sinagoga en la presencia de Mareimar, y el lector oró de acuerdo al dictamen de los sagues de Pumbaditha."

"La congregación lo quería silenciar, pero Mareimar les dijo:
—Déjenlo proceder, porque la Halajá prevalece de acuerdo a los sagues de Pumbaditha—."

(TP, Capítulo X, Mishná IV)

COMENTARIO

Cuando el Nuevo Testamento describe a los rabinos oponiéndose a la doctrina de Yeshúa HaMashíaj, a veces nos quedamos con la idea de que todos los judíos estaban en contra suya. Sin embargo, cuando leemos estas historias talmúdicas, entendemos más bien que existen diferentes expositores dentro del judaísmo, y que cada uno de ellos tiene una postura distinta hacia doctrinas ajenas.

En ese caso se da una resistencia al cambio, a lo novedoso, de tal suerte que la novedad incluso debe ser defendida por altos jerarcas para lograr una aceptación general.

Pero no son los judíos bíblicos los únicos que muestran resistencia al cambio, sino todos nosotros en general, que nos acostumbramos tanto a nuestra rutina diaria, que cuando se implementa algo nuevo nos espanta por una parte, pero también nos da pereza ejecutarlo.

Estemos más abiertos a la mejora, porque su Rúaj

Hakodesh, su Espíritu Santo, innovará en nuestras vidas con prodigios y señales.

Pero de aquél día o de aquélla hora nadie sabe, ni los malajim en el cielo, ni el Hijo, sino solamente el Padre.
(Marcos 13:32)

Los rabinos enseñaron que había siete cosas selladas para los hombres: "El tiempo de su muerte; El tiempo de su gozo; Las profundidades del juicio, y de acuerdo a otra versión, las profundidades del juicio divino; Los pensamientos de los otros; La fuente de la ganancia; El tiempo del restablecimiento del reino de David y el tiempo de la caída del Imperio Romano."
(TP, Capítulo IV, Mishná II)

COMENTARIO

Existen tantos misterios ocultos al ser humano, que cuando se piensa que se está llegando a descubrir uno, en realidad lo único que se encuentra es un cúmulo mayor de dudas. Parece irrisorio que después de estudiar una maestría y un doctorado en teología, me percatara que son más las preguntas que tengo, que las respuestas.

Para los que esperamos la Resurrección de los Muertos, el establecimiento del reino sempiterno de Yeshúa HaMashíaj, como dice 2 Pedro 3:9, *"no debemos pensar que se ha retardado en cumplir la promesa de su advenimiento, sino que espera con paciencia que nos arrepintamos para que todos vengamos a la salvación y a la vida eterna."*

LUCAS

La lámpara del cuerpo es el ojo. Por esto, cuando tu ojo está sano, también tu cuerpo estará iluminado.
(Lucas 11:34)

Rabbi Yohanan dijo nuevamente: "El Santo Uno, bendito sea, por sí mismo proclama la virtud de los tres tipos de hombres siguientes:

"De un licenciado que vive en una gran ciudad y no peca;"

"De un hombre pobre que encuentra un objeto valioso y lo regresa a su dueño;"

"De un hombre rico que da los diezmos de sus ganancias a la caridad sin que los demás lo sepan."

Rabbi Safra era licenciado y vivía en una gran ciudad. Un cierto Tana repitió el estatuto de rabbi Yohanan en la presencia de Rabha y de rabbi Safra. El rostro de rabbi Safra se llenó de gozo.

Entonces le dijo Rabha: "No se refiere a un licenciado como

tú, sino a hombres como rabbi Hanina y rabbi Oshiya, que eran zapateros en la tierra de Israel y que sus zapatos estaban en los mercados de las prostitutas."

"Ellos tenían que hacer zapatos para esas mujeres y llevarlos a los prostíbulos, y aún ver que les ajustaran. Aun así, a pesar de que las mujeres los miraban, ellos nunca levantaron los ojos para mirar a las prostitutas."

"Por eso, cuando se hacían juramentos, se juraba por las vidas de estos santos rabinos de la tierra de Israel."

(TP, Capítulo X, Mishná I)

COMENTARIO

Conocí a un abogado que vendía relojes de casa en casa. Cuando le pregunté por qué no se dedicaba a la abogacía teniendo una carrera universitaria, me respondió que como seguidor del Camino del Arrepentimiento no podía desempeñar esa profesión porque era imposible ser abogado sin entrar en corruptelas.

Es una lástima que el hombre se corrompa a tal grado que le sea imposible desempeñar un trabajo honesto cuando se estudian ciertas profesiones.

El Talmud nos da una esperanza de cambio, que comienza con cada uno de nosotros, no esperando a que los demás actúen de manera acorde, sino siendo ejemplos a seguir.

Como pueblo escogido del Mashíaj, debemos ante todo guardar nuestros valores morales en una sociedad que cada vez cae en un remolino más profundo de pecado, de depravación y de degeneración social.

Si conservamos altos estándares de moral, todos con fundamento bíblico, recibiremos reconocimiento de los hombres, pero también abundante gracia por parte de Hu Gadol, del que es Grande.

HECHOS DE LOS APÓSTOLES

Pero respondiendo el espíritu malo, dijo: A Yeshúa conozco, y sé quién es Shaúl; pero vosotros, ¿quiénes sois? (Hechos 19:15)

Tres cosas mandó rabbi Yoséf bar rabbi Yehuda a Rabbi: "No debes ir solo en la noche; No debes pararte desnudo frente a una luz; No debes entrar a un baño ritual nuevo, no sea que lo hayan construido mal y se derrumbe."

Dice rabbi Yehoshúa ben Levi: "Un baño ritual se considera nuevo durante doce meses."

Hemos aprendido en una Boraitha: "Alguien que se para desnudo delante de una luz puede contraer epilepsia, y alguien que tiene relaciones íntimas delante de una luz puede concebir niños epilépticos."

Los rabinos enseñaron: "Alguien que tiene relaciones íntimas con su esposa en la cama donde duermen sus niños pueden volver epilépticos a sus hijos, pero este es el caso si el niño es menor de seis años, pero si es menor de seis años y duerme en la cabecera o al pie de la cama, no importa. Si el hombre pone su mano sobre el niño, no importa dónde duerma, no habrá consecuencias malignas."

¿Por qué un hombre no puede ir solo de noche?

Porque hemos aprendido en una Boraitha: "Un hombre no puede ir solo en la noche del cuarto día, ni en la noche que le sigue al Shabbath, porque un espíritu maligno llamado Agrath, la hija de Mahlath, junto con otros ciento ochenta mil espíritus malignos, salen a rondar el mundo y tienen el derecho de dañar a cualquiera que se topen."

En otros tiempos, este espíritu salía todos los días, hasta que una vez se topó con rabbi Hanina ben Dosa y le dijo: "Si no hubiera escuchado que se proclama en los cielos: —Hanina y su conocimiento deben ser respetados—, ya te habría dañado."

Le respondió: "Si yo soy estimado en los cielos arriba, te ordeno que nunca te aparezcas donde viven los hombres."

El espíritu rogó: "Tengo que obedecer tu orden, pero dame cierta libertad." De este modo se le permitió salir la noche del cuarto día y la noche siguiente al Shabbath.

En otra ocasión este mismo espíritu se topó con Abaye, y le dijo: "Si no hubiera escuchado que se proclama arriba en los cielos: —Respeten a Nahmeni y a su conocimiento— te habría lastimado."

Como Nahmeni era otro nombre de Abaye, le dijo: "Si yo soy respetado arriba, te ordeno que nunca te aparezcas donde viven los hombres."

(TP, Capítulo X, Mishná I)

COMENTARIO

Las personas enfermas de epilepsia pueden manifestar la

enfermedad cuando hay algún tipo de imagen repetitiva en relación con la luz. Quizás los rabinos relacionaron la luz con la epilepsia con base a la observación empírica.

En una visión espiritual, el Nuevo Testamento plantea las causas de la epilepsia como resultado de la acción de un espíritu inmundo, como lo dice Lucas 9:39.

En la lógica del Talmud, esta enfermedad pudiera deberse a algún tipo de pecado sexual, con el cual el individuo abriera puertas espirituales y permitiera la entrada del espíritu de epilepsia y terminara en algún tipo de posesión demoníaca sobre su descendencia.

Si bien, la existencia de demonios y espíritus inmundos es una realidad bíblica, el hombre de oración que ha creído en el Mashíaj como su Salvador personal, tiene la autoridad sobre todo el poder del enemigo, como dice Lucas 10:19.

No es de extrañarnos entonces que los grandes rabinos tuvieran autoridad sobre los demonios, pues fueron hombres de oración, de testimonio y de entrega a los estatutos del Adón HaShamaim VeHaAretz, del Señor de los Cielos y de la Tierra.

Hebreos 13:4 dice que "*honroso es el lecho sin mancilla,*" de modo que un lecho puede ensuciarse por no tener las precauciones adecuadas para realizar el acto sexual sin que los menores se percaten de ello, ya que puede resultar en algún problema psicológico mayor que desate la libido del infante a temprana edad o que repercuta en algún tipo de neurosis.

Le arrastraron fuera del templo, e inmediatamente cerraron las puertas.
(Hechos 21:30)

Abaye dijo: "Tan pronto como la primera división de sacerdotes entraban, las puertas se cerraban por sí solas."

Rabha en cambio declaraba: "Las puertas eran cerradas por hombres, y esto es de acuerdo y con base a las enseñanzas de la Mishná."

¿Cuál es la diferencia? De acuerdo a Abaye, que enseñaba que las puertas se cerraban por sí mismas, el milagro dependía del número de personas a las que les era permitido entrar.

Mientras que Rabha mantenía que no se trataba de ningún milagro, sino que había hombres que contaban el número de sacerdotes que entraban para cerrar las puertas cuando el lugar se llenaba.

Los rabinos enseñaron: "Nunca sucedió que un hombre fuera aplastado por el gentío, sino en tiempos de Hillel, cuando murió un viejo en la multitud. A aquella Pascua se le conoció como la Pascua del Aplastado."

"Pero había más divisiones de sacerdotes, y a la tercera división se le nombraba, de acuerdo a una *Boraitha* —La División Tardía—."

¿Por qué una división tenía que ser la última? ¿No tiene todo el mundo que esforzarse por ser el primero?

Rabbi Yoséf decía: "El mundo no puede existir sin un boticario y sin un curtidor; aún de este modo, bueno es quien sigue la profesión de boticario, y pobre de aquel que sigue el llamado para curtir."

"El mundo no puede existir sin hombres y mujeres; aún de este modo, bueno es quien tiene muchos hijos, pero pobre de aquel que tiene muchas mujeres porque tendrá que dar grandes cantidades de dote por sus hijas."

Hemos aprendido en una *Boraitha*: "Tan pronto como un hombre terminaba de preparar su sacrificio, tenía que arrancarle la piel al animal y llevársela."

Decía rabbi Elish: "Esto se hizo conforme a la costumbre de los carniceros ismaelitas."

(TP, Capítulo V, Mishná V)

COMENTARIO

La Pascua, la fiesta más importante para el pueblo de Israel, conmemoraba su redención de Egipto, su carácter sacro debía ser inminente en el corazón y en la mente de cada participante.

La devoción para entrar en el Lugar Santo, donde los sacerdotes podían estar más cercanos al Arón HaBrit, al Arca del Pacto, queda demostrada por esta historia.

Sin embargo, aún en estas celebraciones sagradas, el ser humano suelta su *hybris*, es decir, en términos de Edgar Morin, su demencia desenfrenada, su locura social, olvidando que para servir a HaShem, al Nombre, primero debemos purificar nuestros pecados mediante el respeto más profundo a la vida humana.

A veces como creyentes, atropellamos las garantías individuales más básicas de los demás en nombre de la religión y del HaTsadik, del Justo. Esto de ninguna manera debe de ser así.

Ahora bien, si las puertas se cerraban una vez que entraba la primera división, no tenía ninguna oportunidad de entrar nadie de la tercera división, y el Talmud nos lo expresa como una simple división del trabajo.

En el caso de los curtidores, el tratamiento de la piel por medios tradicionales, requería el uso de excremento de paloma, el cual en grandes cantidades desprende un hedor tan penetrante que llega a ser hasta vomitivo. En un viaje que realicé a Marruecos, me tocó visitar en la Medina de Fez el barrio de los curtidores, y el mal olor desprendido del detritus de paloma entró tan profundo de mis fosas nasales, que días después parecía que seguía oliendo el excremento de la paloma en todas partes: Las moléculas habían causado tal impresión neuronal que simplemente no me podía deshacer del olor.

Esto nos enseña que por una parte, todos los empleos son dignos porque son necesarios para la estabilidad y el buen funcionamiento de la sociedad, y que la gente que desempeña cualquiera de estos empleos debe ser tratada con el debido respeto, porque alguien tiene que hacer el trabajo desagradable y recibir el pago por su labor.

En esto debemos entender que el oficio de líder religioso es un trabajo como todos los demás, y que también requiere de sacrificios y de compromisos como todos los demás empleos.

Apoyemos a nuestros líderes con nuestros diezmos y nuestras ofrendas voluntarias sabiendo que al bendecir a nuestros ministros, reconocemos el arduo trabajo que desempeñan, como dice 1 Corintios 9:14, que: *"quienes proclaman la promesa de la redención, que reciban el sustento de sus vidas por el mensaje que proclaman."*

En el caso del padre de muchas mujeres, cuando llegaba el momento de casarse, se tenía que dar la dote de la hija al futuro esposo, lo cual representaba siempre un desbalance económico familiar, por eso se pedía tener más varones que hijas.

ROMANOS

No debáis a nadie nada, sino el amaros unos a otros.
(Romanos 13:8)

Decía rabbi Papa: "Todas las deudas que requieren notas promisorias son dudosas, y aquellas donde se verifica la firma son todavía más dudosas, y aun cuando se pagan, el dinero no será bueno porque se pagará poco a poco."
(TP, Capítulo X, Mishná I)

COMENTARIO
Este consejo talmúdico es totalmente aplicable a los préstamos bancarios que aparentemente ofrecen intereses bajos en pagos diferidos, pero que cuando se hacen las cuentas reales, termina la persona pagando el triple del préstamo.

No se trata de satanizar las tarjetas de crédito, los

préstamos hipotecarios o las compras de automóviles u otros productos a plazos, sino de analizar con detalle cuánto se pagará al final, sopesando de este modo si realmente vale la pena el impacto económico contra la utilidad y usufructo que se le dará.

CORINTIOS

Nos fatigamos trabajando con nuestras propias manos.
(1 Corintios 4:12)

Rabh le decía a rabbi Assi: "No vivas en una ciudad donde no puedes escuchar los relinchos de un caballo o los ladridos de un perro, y no vivas en una ciudad donde su cabeza ejecutiva es un médico."

"No tomes dos esposas, porque pueden conspirar contra ti, aunque si ya tienes dos esposas, toma una tercera, porque así, si dos conspiran en tu contra, la tercera las delatará."

Rabh decía a rabbi Kahana: "Es mejor incluso que trabajes recogiendo basura en el mercado y que se te pague por eso, a que digas que eres sacerdote o una persona importante y rehúses tal trabajo, porque un trabajo honesto es preferible que aceptar caridad."

"Cuando vayas en una jornada, no importa lo corta que sea,

toma siempre comida contigo. Aun cuando te den cien pepinos por un *zuz*, no digas que comprarás esa comida en el camino, sino mejor cárgala contigo, porque nunca sabes lo que puede suceder en el camino."

(TP, Capítulo X, Mishná I)

COMENTARIO

En estas recomendaciones talmúdicas vemos un reflejo de la inseguridad que sentía el pueblo hebreo a la repentina persecución: muestran tiempos de revuelta y de inestabilidad política y social.

Salir con comida a la mano era totalmente necesario en caso de una persecución, ya que el individuo no sabía si podría volver a su casa a tomar otros enseres. Es por esto que los judíos en la actualidad cargan siempre una chamarra, porque no saben si en cualquier momento hubiera una oleada antisemita que cambiara el curso de sus vidas como sucedió en la Alemania fascista.

Los perros y los caballos son los mejores guardianes nocturnos, porque sus ladridos delatan la presencia de soldados.

El trabajo secular hacía que los israelitas se perdieran entre la multitud, y evitaba que los incrédulos hablaran mal de la persona que se dedicaba a los asuntos religiosos, argumentando que robaban a la nación.

La mención de la tercera esposa debe entenderse más bien en términos simbólicos: como una persona de confianza que pueda traer información entre representantes de partidos opuestos que pudieran atentar contra el pueblo de Israel.

Cuando leemos estas historias, debemos agradecer a Asher HaCol Darcó, a Aquel de quien son todos los Caminos, que vivimos en países democráticos donde la libertad de expresión y de culto son parte de las garantías individuales de cada ciudadano, y que aunque a veces las situaciones sociales no lucen muy halagüeñas, tenemos cierta tranquilidad social.

Pero también nos recuerda que el pueblo judío puede

sufrir manifestaciones antisemitas en cualquier momento, y que es nuestro deber orar siempre por la paz de Israel, como dicta el Salmo 122:6.

¿No sabéis que los injustos no heredarán el reino del Eterno?
(1 Corintios 6:9)

Rabbi Yohanan dijo: "Los tres siguientes tipos de hombres heredarán el Mundo Venidero."

"Aquellos que viven en Tierra Santa;"

"Aquellos que envían a sus hijos a estudiar la Toráh;"

"Aquellos que realizan la *Habdaláh* sobre el vino, porque son aquellos que beben poco vino y dejan algo del *Kiddush* para la *Habdaláh*, refrenándose de beber en Shabbath."

(TP, Capítulo X, Mishná I)

COMENTARIO

No es que Israel vaya a irse al cielo con todo y el área que ocupa, sino en el sentido de las personas que viven en Tierra Santa perseverando en la oración y en el estudio de la Toráh y buscando de todo corazón al HaAb Asher HaCol MiMenu, al Padre de Todos Nosotros.

Si bien el vino de Shabbath tiene un sentido ritual, la embriaguez nos apartará del camino de salvación.

Sabemos que un ídolo nada es en el mundo, y que no hay más que un Señor.
(1 Corintios 8:4)

Abaye pensaba que una persona obligada a hacer algo en

contra de su voluntad, debería disfrutarla en beneficio propio, como en el caso de un hombre que fuera llevado a una casa donde la fragancia de incienso era ofrecida a ídolos, la persona debía disfrutar del aroma.

Rabha, sin embargo, mantiene que el hombre debe luchar en contra de eso si puede evitar disfrutarlo y no tiene intención de sacar ningún provecho de la situación.

El caso es similar al punto en desacuerdo entre rabbi Shimeón y rabbi Yehuda en lo concerniente a un acto cometido sin intención.

(TP, Capítulo II, Mishná I)

COMENTARIO

Un punto que sigue causando debate entre los seguidores del Camino de la Verdad, es el de los alimentos dedicados a fiestas paganas, como el pan de muerto típico mexicano que representa el esqueleto de un difunto, o la rosca de reyes que contiene muñecos del niño Yeshúa, y que algunos han tachado de idolátricos. ¿Podemos comer con libertad de alimentos que tienen una representación negativa?

Otras situaciones menos escabrosas pero igual de complejas llevan a muchas personas a preguntarse si pueden entrar a templos o a museos donde hay ídolos u objetos que sirvieron para torturar o denigrar el espíritu humano, o si pueden visitar los cementerios.

El Nuevo Testamento nos da la medida de la fe en la que podemos actuar en este tipo de situaciones, cuando el rabino Pablo en 1 Corintios 8:10-12 dice que: *"todo lo hagamos con base a la limpia conciencia, tanto del que practica tales cosas como de quien le mira practicarlas."* Es decir, mientras no afectemos la fe de los demás, procuremos estar con una consciencia tranquila delante de Adón Ejad, del Único Señor, evitando hacer cosas buenas que parezcan malas, como aquellas que traen discusiones sobre la fe.

Uno es el resplandor del sol, otro, el resplandor de la luna, y otro el resplandor de las estrellas, pues una estrella es diferente de otra en grado de resplandor.
(1 Corintios 15:41)

Los rabinos enseñaron: "Los sagues de los israelitas están en lo correcto cuando dicen que la rueda sobre la que giran las diferentes constelaciones ya está prefijada, y cada mes, una de las constelaciones aparece y luego retrocede, haciendo espacio para otra, mientras que los sagues de los gentiles dicen que la rueda está constantemente turnándose y cada mes trae una constelación diferente, que se pone en el lugar de la rueda."

Dice Rabbi contradiciendo a los sagues gentiles: "Nunca hemos encontrado la constelación del Toro en el Sur ni tampoco la constelación del Escorpión en el Norte, como lo declaran los sagues gentiles, que las constelaciones constantemente cambian de lugar."

Los sagues israelitas dicen: "Durante el día el sol se mueve por debajo del cielo, mientras que por la noche retrocede más allá del cielo."

Mientras que los sagues gentiles dicen: "Durante el día el sol se mueve debajo del cielo, y durante la noche retrocede pero se queda debajo de la tierra."

Dice Rabbi: "Parece que la aserción de los sagues gentiles es más razonable, porque durante el día los manantiales están fríos, mientras que por la noche el agua está cálida."

Hemos aprendido en una *Boraitha* en la que rabbi Nathan decía: "En el tiempo de verano el sol se mueve en el cenit del cielo, y he aquí toda la tierra es cálida, pero los manantiales están fríos, pero en el invierno el sol se mueve en la base de los cielos, y he aquí que la tierra es fría pero los manantiales cálidos."

Los rabinos enseñaron: "El sol se mueve en cuatro caminos diferentes. Durante los meses de Nissan, Iyar y Sivan se mueve sobre las montañas, de modo que derrita la nieve; Durante Tamuz, Ab y Elul se mueve en las partes cultivadas de la tierra, de modo que madure el fruto; En Tishrei, Jesván y Kislev se mueve sobre los mares, de modo que seque los lagos; En Tebeth, Shebat y Adar se mueve en el desierto, de modo que no tueste las semillas sembradas."

(TP, Capítulo IX, Mishná II)

COMENTARIO

El hombre llegó a determinar que la tierra no era el centro del universo hasta el Renacimiento, aunque se tenía alguna idea desde Copérnico.

Los talmudistas, mediante la observación empírica, trataban de determinar las leyes universales por medio de las cuales Abir Yaakob, el Fuerte de Jacob, había creado el cosmos.

En términos prácticos, dejan que la discusión continúe entre gentiles y judíos, pero aterrizan la verdadera utilidad de estos debates, que es el conocimiento más preciso sobre el tiempo en que se debe cultivar, cosechar y dejar descansar la tierra, conocimiento que era de gran importancia para el hombre de campo.

Así, vemos que el papel de las estrellas del cielo ha sido esencial en todas las civilizaciones para conocer las estaciones del año y los tiempos de cosecha y de siega.

GÁLATAS

Aquél que en un tiempo nos perseguía, ahora proclama la fe obediente que antes destruía.
(Gálatas 1:23)

Hemos aprendido en una Boraitha que rabbi Aquiba decía: "Cuando era un hombre común e ignorante, solía decir: —Si pudiera poner mis manos encima de un académico lo mordería como un asno—."

Sus discípulos replicaron: "Rabbi, se dice —como perro—, porque los asnos no muerden."

Respondió: "Cuando un asno muerde generalmente rompe los huesos de su víctima, mientras que un perro sólo muerde la piel."

(TP, Capítulo III, Mishná VIII)

COMENTARIO

Los estudiosos de la Biblia a veces nos atraemos el odio de los demás de manera gratuita, porque el estudio bíblico nos abrirá al conocimiento más profundo de BaMatsdik Et HaJoté, de Quien Justifica al Impío, lo cual contrista y enfurece al diablo, que busca por todos los medios destruir la relación personal que hemos fortalecido con el Creador del Universo.

El rabino Pablo, quien confiesa en Gálatas 1:13 haber buscado la destrucción de la iglesia, nos legó un testimonio de poder que traspasa las fronteras: Es la esperanza de que HaMalé Rajamim, Aquel lleno de Misericordias, puede tocar el corazón más duro, sea que ande en drogas, alcoholismo, paganismo o según el arbitrio de su corazón, y volverlo al camino de la vida y de la sana moral, al camino, en fin, de nuestro Mashíaj.

APOCALIPSIS

Si alguno está marcado para ser muerto a espada, a espada morirá. Aquí está el secreto para la perseverancia y *emunah* de los santos.
(Apocalipsis 13:10)

¿Cómo sabemos que un hombre debe permitir ser asesinado antes de asesinar a alguien?

Esto es una cuestión de sentido común, como le sucedió a Rabha, que un hombre llegó a decirle que el gobernador de la ciudad le había ordenado servir como verdugo, bajo pena de muerte de desobedecer.

Rabha le dijo: "Antes de asesinar a alguien, es mejor que permitas que te asesinen, porque, ¿cómo sabes que tu sangre es mejor que la de él, sino todo lo contrario, que su sangre sea mejor que la tuya?"

(TP, Capítulo II, Mishná I)

COMENTARIO

El Antiguo Testamento habla detalladamente de los tipos de asesinato, tal y como hoy en día los juristas debaten si se trató de asesinato premeditado, accidental, en defensa propia, y otras tantas variantes, sin embargo, cuando de guerras se trata, y las comparamos con las actuales, vemos que el valor del ser humano se redujo de una manera drástica en el mundo moderno, dando como resultado miles de muertos y soldados victoriosos regresando como héroes después de haber cometido estos genocidios desde la seguridad de un submarino donde lanzan cohetes que asesinan a la población civil.

El Nuevo Testamento, igual que los rabinos humanistas de este tiempo, ven sin embargo, que aún en defensa propia, o siguiendo órdenes, como muchas veces argumentan los soldados, el respeto a la vida es un valor fundamental del individuo.

El Talmud nos habla del valor de la sangre, que en términos hebreos no tiene qué ver con el linaje ni la familia, sino con la justicia, la santidad y en el Nuevo Testamento, con el ser hijos de Yeshúa HaMashíaj, de modo que los santos, los justos, los píos y los que son agradables al Señor, cuya sangre ha sido derramada, claman debajo del altar del trono, como dice Apocalipsis 6:9, pidiendo juicio sobre sus verdugos.

Y servid con temor al que hizo el cielo, y la tierra, y el mar, y las fuentes de las aguas.
(Apocalipsis 14:7)

Rabha dijo: "El mundo entero mide seis mil *parsaóth*, y la profundidad del océano es de mil *parsaóth*."

Una de estas propuestas está basada conforme a la tradición mientras que la otra es una conclusión razonable, y Rabha está de acuerdo con Rabba bar bar Hana, que dice en nombre de rabbi Yohanan: "La distancia promedio que un hombre puede caminar en un día es de diez *parsaóth*, y si el sol atraviesa seis mil *parsaóth* en un día y un hombre puede recorrer entre la puesta del sol y el amanecer, un sexto de la distancia que puede recorrer de la salida del sol a su ocaso, el sol entonces toma un sexto de tiempo en recorrer en la noche lo que le toma en recorrer el día, de manera que el cielo debe de tener una profundidad de mil *parsaóth*."

Una objeción fue hecha. Los discípulos de Elías pensaron que rabbi Nathan había dicho: "La tierra entera está bajo una sola estrella, y la prueba de esto es que donde quiera que el hombre esté situado, verá la misma estrella, siendo que hay muchas estrellas, y por lo tanto el cielo debe tener una profundidad mayor a la de mil *parsaóth*."

No hubo respuesta a esta objeción.

(TP, Capítulo IX, Mishná II)

COMENTARIO

En los tiempos en que se realizaban estos cálculos astrofísicos, era casi imposible que supieran con certeza datos que aún en los tiempos modernos y con aparatos muy sofisticados son difíciles de calcular.

Lo importante en esta discusión es que la ciencia no está peleada con la religión, como muchos opinan, sino que sirve como un apoyo para conocer más a profundidad los misterios del universo que creó HaYosheb Al HaKisé, el que se Sienta sobre el Trono.

El hombre de fe debe apoyarse en la ciencia para desentrañar los misterios y las profundidades del HaReshit Shel Briat, del que es el Principio de la Creación.

III

HECHOS RABÍNICOS

LAS HISTORIAS RABÍNICAS

LA HISTORIA RABÍNICA

Dijo rabbi Yehuda: "Esta pregunta fue propuesta por Baithus ben Zunin a los sagues: —¿Por qué no está permitido hacer pan de figuras durante la Pascua? —."

Ellos le respondieron: "Porque la mujer que prepara el pan con las figuras tarda mucho tiempo, y mientras tanto la masa se leuda."

Repuso Baithus: "¿No puede ella imprimir las figuras de los panes con algún aparato y así facilitar el trabajo?"

Los sagues respondieron: "En ese caso debería decirse que todas las figuras en el pan de Pascua están prohibidas, excepto aquellas hechas por Baithus."

(TP, Capítulo II, Mishná V)

COMENTARIO

Con todo respeto hacia el punto de vista de cada persona, a veces nos encontramos con grupos religiosos que prohíben la ingesta de algunas medicinas, argumentando que Adonai debe usar algún medio sobrenatural para traer sanidad, o bien, de grupos sociales como los menonitas que se rehusan a las nuevas tecnologías para realizar las labores diarias más sencillas.

El Talmud nos enseña que las nuevas tecnologías sirven para facilitarnos la vida, que no debemos tener miedo ni recelo de utilizarlas con sabiduría para que nuestro día a día nos sea cada vez más sencillo.

LA HISTORIA RABÍNICA

Rabbi Yehuda dijo: "Una mujer no debe amasar durante la Pascua sino con agua *shelanu*."

Rabbi Mathna repitió las mismas palabras en Papunia, y a la mañana siguiente, todos los habitantes vinieron a él con jarras en sus manos pidiendo que les dieran agua.

Y es que el término hebreo *shelanu* (שלנו) tiene dos significados: —nuestro— y: —que ha reposado toda la noche—.

Cuando se dio cuenta de esto, les dijo: "Quise decir, con agua que ha reposado toda la noche."

(TP, Capítulo II, Mishná VIII)

COMENTARIO

El idioma hebreo es tan difícil que los niños aprenden un hebreo sencillo y cuando crecen se les enseña el idioma que se utiliza en los diarios y en los ámbitos universitarios.

Una de sus dificultades precisamente son los varios significados de una misma palabra, y que deben entenderse de acuerdo al contexto de la oración.

En términos más prácticos, cuando necesitamos que se haga algo con precisión, como lo requiere el seguimiento ritual de alguna tradición, debemos siempre buscar el lenguaje más llano posible.

Hay veces que intentamos hablar de una manera tan correcta y con palabras tan rebuscadas, que lo único que hacemos es confundir a los demás.

Las palabras rebuscadas son para los poetas, no para el pueblo de Adonai que busca entender de una manera sencilla cuál es la voluntad de su Creador.

LA HISTORIA RABÍNICA

Los rabinos enseñaron: "Tres cosas disminuyen el envejecimiento, hacen que el cuerpo se levante e incrementan la luz en los ojos, y ellas son: El pan hecho de harina fina; La carne gorda de una cabra virgen y el vino añejado por tres años."

"En términos generales, todas las cosas que son buenas para los ojos afectan el corazón y otras partes del cuerpo, mientras que aquellas que son buenas para el corazón afectan los ojos, con excepción del jengibre, las vainas de chile y las tres cosas mencionadas arriba."

(TP, Capítulo III, Mishná I)

COMENTARIO

Cuando queremos curarnos de alguna enfermedad, siempre debemos analizar los efectos secundarios de tal o cual medicina.

El Talmud nos invita a utilizar remedios caseros y naturistas antes de bombardear al cuerpo con antibióticos de los cuales no sabemos las consecuencias secundarias que traerán a nuestros cuerpos.

LA HISTORIA RABÍNICA

Cuando Rabba bar bar Hana fue de Palestina a Babilonia, comió la gordura alrededor del estómago del buey; Esta gordura no se come en Babilonia.

Mientras comía, rabbi Abhira el anciano, y Rabba el hijo de rabbi Huna entraron en la habitación. Tan pronto como los vio, cubrió la gordura.

Cuando salieron de la habitación Abaye les dijo: "Los ha tratado como Samaritanos."

¿No dice Rabba bar bar Hana que un hombre está sujeto a las costumbres del lugar de donde viene y a dónde va? ¿Cómo pudo permitirse comer las gorduras?

Abaye respondió: "Esta regla se aplica a las personas que van de una ciudad en Babilonia a otra ciudad de Babilonia, o entre ciudades dentro de Palestina, o incluso de Babilonia a Palestina; pero jamás de Palestina a Babilonia, porque estamos sujetos a los babilonios y debemos hacer como ellos hacen."

Rabbi Ashi dijo: "Aun cuando la regla se aplicara a quien va de Palestina a Babilonia, Rabba bar bar Hana tendría permiso de seguir la costumbre en Palestina, porque no tenía intención de quedarse en Babilonia, sino regresar a Palestina, de modo que las costumbres de Babilonia no le concernían."

Rabba bar bar Hana le dijo a su hijo: "La gordura que como, tú no la comas ni frente a mí ni cuando no esté. Yo me permito comerla porque una vez vi a rabbi Yohanan hacerlo, y necesito imitarlo aun cuando no está presente, pero tú no debes imitarme a mí, ni debes comer la gordura en mi presencia ni en mi ausencia."

Con esto que le dijo a su hijo, ¿no se contradice a sí mismo? Porque él mismo reconoce que la costumbre es dudosa.

Rabbi Yohanan bar Elazar nos contó: "Estaba en un jardín en un año sabático con rabbi Shimeón ben rabbi Yoséf ben

Lakunia, luego de que la cosecha había sido recogida de los campos, y levantó una col, una parte la comió él, y entonces me dio otra parte diciendo: —Hijo mío, delante de mí puedes comer la col, pero no lo hagas cuando estés solo; por cuanto vi a rabbi Shimeón ben Yojai hacerlo, y él merece que yo lo imite aún en su presencia o en su ausencia; pero yo no soy digno de que nadie me imite cuando no esté—."

(TP, Capítulo IV, Mishná I)

COMENTARIO

El judaísmo es muy estricto en cuanto a las prohibiciones alimenticias: Páginas enteras en el Pentateuco nos previenen de los alimentos permitidos y de los alimentos prohibidos por considerarse impuros, de modo que comer la gordura que hay alrededor del estómago del buey era tan grave que se convertía en el quebrantamiento consciente de un mandamiento.

Cuando se ve al rabino teniendo esta conducta, lo quieren justificar argumentando que quizá sea la costumbre del lugar de donde viene, pero aun así, no es posible justificar su acción.

Entonces viene la sorpresa: Simplemente está imitando los pasos de su maestro, de modo que por una parte sabe que realmente está quebrantando un mandamiento, tanto que se lo prohíbe a su hijo, sin embargo, se mantiene fiel a las enseñanzas de su tutor a pesar de no entender el por qué y a pesar de las críticas externas.

Es una enseñanza hermosa que tiene que ver directamente con nuestra fe en nuestro maestro de maestros Yeshúa HaMashíaj, a quien debemos imitar como dice la primera carta a los Corintios 11:1, a pesar de que a veces no entendamos su mansedumbre extrema, su dominio propio y su amor incondicional incluso para quienes lo perjuraban y escarnecían.

LA HISTORIA RABÍNICA

Los rabinos pensaron: "Tres cosas debían instituirse, estas son: Que un cuerpo entre en estado de putrefacción; Que la muerte debe ser olvidada después de un tiempo; Que el grano se pudra por exposición."

Otros añaden una cuarta cosa: "Que las monedas sean reglamentarias, porque sin ellas el intercambio de mercancías sería imposible."

(TP, Capítulo IV, Mishná II)

COMENTARIO

Los temas que está tratando el Talmud son complejos: Para el judaísmo, el cuerpo debe ponerse bajo la tierra, y debe evitarse en lo posible cualquier otro tipo de costumbre funeraria, como la cremación, para lo cual se hace una analogía con la semilla que debía pudrirse cuando se expone a la intemperie.

Por otra parte, cuando no existe una plena certidumbre de la vida más allá de la muerte, el dolor consume por años a las personas que guardan largos duelos, siendo que la fe en la Resurrección debía darnos la fortaleza suficiente para poder sufrir nuestro dolor por un tiempo determinado.

Finalmente, el valor del dinero como medio universal de cambio vino a sustituir el trueque, que cuando menos en los pueblos de México, continuó siendo un medio de intercambio de mercancías hasta mediados del siglo XX.

LA HISTORIA RABÍNICA

Rabh y rabbi Elazar ben Mathia sostienen que una persona no puede determinar la impureza de una congregación.

(TP, Capítulo VII, Mishná V)

COMENTARIO

Aquí se trata de un debate en cuanto a sí una sola persona puede traer maldición a toda una congregación por su mal actuar.

En una primera instancia, la historia bíblica de Josué 7, donde Acán hijo de Carmi toma del anatema y por esta causa Israel es derrotado frente a Hai, parece debatir la postura de Rabh.

En términos prácticos, la predicadora Katherine Kuhlman, cuyo ministerio de milagros dio la vuelta al mundo en la década de los setentas, exhortaba a un absoluto respeto para que el Rúaj Hakodesh, el Espíritu Santo, se manifestara. Esta excepcional mujer afirmaba que una sola persona que no pusiera total atención y respeto podía echar a perder el mover del Adón Col HaÁretz, del Señor de toda la Tierra.

Sin embargo, parece que en este caso los rabinos están discutiendo sobre la salvación, ya que se trata del sacrificio del cordero pascual, que para nosotros es Yeshúa HaMashíaj, y es que la salvación de acuerdo al Nuevo Testamento es una decisión meramente personal, como lo establece el rabino Pablo en Romanos 1:16, cuando dice que: *"la salvación es el poder del Señor a todo aquel que cree."*

LA HISTORIA RABÍNICA

Rabbi Huna el hijo de rabbi Nathan fue una vez invitado por rabbi Nahman bar Yitzhak. Este último le preguntó su nombre, a lo que respondió: "Rabh Huna."

Le dijo rabbi Nahman: "Que el maestro se siente en la cama." Así lo hizo.

Luego se le dio una copa de vino, y la aceptó instantáneamente pero vació la mitad en otra copa sin desviar su rostro. Se le preguntó por qué se nombró —Rabh Huna—

cuando se había inquirido su nombre, a lo cual respondió: "Ese ha sido mi nombre desde mi juventud."

Se le volvió a preguntar: "¿Por qué entonces tomaste inmediatamente lugar en la cama cuando se te pidió que lo hicieras?"

El respondió: "Porque así es la regla, que lo que sea que el maestro de la casa pida al huésped, el huésped lo tiene que hacer."

Se le volvió a preguntar: "¿Pero por qué aceptaste la copa de vino a la primera?"

La respuesta fue: "Porque cuando un hombre superior a uno le ofrece algo, uno lo debe aceptar a la primera, mientras que si se trata de uno inferior a ti, es permitido dejarse insistir."

"¿Y por qué hiciste dos copas del vino que se te dio?"

"Porque una *Boraitha* enseña que quien se toma la copa completa es un glotón, mientras que uno que la parte en dos muestra el debido respeto, y el que la parte en tres es un hombre presumido."

"¿Y por qué no desviaste tu rostro?"

"Porque nos fue expresamente enseñado que solamente la novia desvía su rostro."

⁂

Sucedió que rabbi Ishmael bar rabbi Yoséf una vez fue invitado por rabbi Shimeón ben rabbi Yoséf ben Lakunia, y cuando le fue dada una copa de vino, la aceptó inmediatamente y la bebió entera.

La gente presente le dijo: "¿No sostiene el maestro que uno que bebe toda su copa es un glotón?"

Entonces respondió: "Esto no se puede decir de una copa tan pequeña como esta, especialmente si contiene vino tan dulce con la intención de llenar un estómago con la capacidad del mío."

(TP, Capítulo VII, Mishná XII)

COMENTARIO

Yeshúa HaMashíaj no era el único atacado por sus anfitriones, a quienes tantas veces tachó de hipócritas, como en el caso de la historia de Lucas 7:44, cuando le reclama a Shimón que no le dio agua para lavar sus pies, ni lo recibió con un beso, ni ungió su cabeza con aceite.

En la primera historia se prueba a rabbi Huna por una serie de actitudes sospechosas para un hombre de bien: Presentarse como rabino, lo cual podía tomarse como una actitud presuntuosa; Sentarse en una cama, siendo que si era la cama de una mujer debió cerciorarse de que no estuviera con flujo menstrual para no contaminarse, y otras reglas de modales que dictaba la tradición.

Las blandas pero certeras respuestas del rabino apenan a su anfitrión, dejándolo ver como un hombre poco piadoso e ignorante de muchos preceptos rabínicos, tal como le sucedió al Mashíaj con Shimón.

En la segunda historia, rabbi Ishmael es tan prudente, que aún cuando la pregunta inquisitiva tendía a ser molesta, la respuesta es tan sencilla que elogia el poco, pero buen vino que se le sirve.

Cuando profesamos nuestra fe en el Camino de la Vida, los ojos de los incrédulos están siempre prestos para denunciar el mínimo error que cometamos.

Ambos rabinos nos enseñan que responder a las inquietudes de nuestros inquisidores cerrará la boca más perspicaz, mientras que la respuesta de rabbi Ishmael nos enseña que aun cuando se nos critique duramente, podemos dar respuestas tan blandas que hagamos incluso sentir bien a nuestros acusadores.

Por extraño que nos parezca, y como Romanos 12:14 nos dice que: *"bendigamos en vez de maldecir,"* cuando hacemos sentir bien a la persona que nos ataca, tenemos ganada potencialmente un alma para los cielos.

LA HISTORIA RABÍNICA

El padre de Samuel envió a Rabbi la siguiente petición: "Que el maestro nos enseñe el orden en que se debe bendecir la copa de vino en la *Habdaláh*."

Rabbi envió su respuesta: "Así dijo rabbi Ishmael el hijo de rabbi Yehoshúa ben Hananiah: "—Luz, la *Habdaláh*, vino y *Kiddush*—."

Dice rabbi Hanina: "Esto se puede comparar a la salida de un rey de la ciudad al mismo tiempo que un alto oficial es acomodado en su lugar. Asimismo el Shabbath, siendo lo más santo, es primeramente escoltado fuera con la *Habdaláh*, y después el alto oficial es acomodado con el *Kiddush*."

Sucedió que rabbi Yaakob visitó a Rabha. Cuando llegó el momento de la oración de la *Habdaláh*, el sirviente de Rabha encendió varias velas y las unió en una sola flama.

Le dijo rabbi Yaakob: "¿Por qué necesitas encender tantas velas?"

Rabha contestó: "El sirviente hizo esto por su propia cuenta."

Rabbi Yaakob le dijo: "Si el sirviente no supiera que eso es tu voluntad, no lo hubiera hecho, de modo que es probable que sea algo que siempre haces, y por eso te vuelvo a preguntar: ¿Por qué tantas velas?"

Entonces le respondió: "¿No sostiene mi maestro que la flama que se utiliza en la oración de la *Habdaláh* es un deber religioso del grado más alto?"

(TP, Capítulo X, Mishná I)

COMENTARIO

La ceremonia de la Habdaláh pone fin al Shabbath, de modo que el hombre pasa de un estado religioso a uno secular mediante la oración del Kiddush, que es la oración sobre el vino. En ambas historias se nos recalca la importancia y santidad del Shabbath, tanto que para unos es comparable a un rey, mientras que para otros requiere un acto extraordinario de modo que se realce su importancia. El Shabbath es una institución que nos recuerda que debemos tener un día apartado para gozarnos con el Eterno, un día de mayor importancia que toda nuestra semana secular.

LA HISTORIA RABÍNICA

Ula una vez vino a Pumbaditha. Entonces rabbi Yehuda le dijo a su hijo rabbi Yitzhak: "Toma un canasto de fruta y llévalo a Ula, e incidentalmente observa cómo recita la *Habdaláh*."

Pero Rabbi Yitzhak no fue, sino que envió a Abaye en su lugar. Cuando Abaye regresó, le relató que Ula simplemente dijo: "Quien distingue entre los días santificados y los ordinarios."

Rabbi Yehuda replicó: "Tu arrogancia y desobediencia serán la causa de que no seas capaz de citar una *Halajá* en el nombre de Ula, sino que la tendrás que citar en el nombre de Abaye."

(TP, Capítulo X, Mishná I)

COMENTARIO

En los tres volúmenes que hemos publicado del Talmud, el lector se ha percatado que muchos rabinos citan en nombre de otro rabino. Aquí tenemos una mención única de la manera como se recopilaron las historias talmúdicas.

El Talmud comenzó como una tradición oral que se cristalizó ya entrado el siglo IV, como hemos mencionado de manera muy extensa en la Introducción. Esta historia es una prueba de la eficacia de la tradición oral, de la manera como se recopilaban las historias y de las técnicas de compilación y cristalización que pasaban de generación en generación.

LA HISTORIA RABÍNICA

Levi envió a Rabbi cerveza hecha del extracto molido de trece dátiles, y era muy dulce al gusto.

Entonces Rabbi dijo: "Con este tipo de cerveza se puede realizar el *Kiddush*, y todos los himnos y alabanzas al Señor pueden cantarse sobre ella."

En la noche sintió algunos efectos contrarios por causa de la cerveza; Eentonces dijo: "¿Puede utilizarse algo que produce un efecto negativo para el *Kiddush*?"

Rabbi Yoséf dijo: "Voy a hacer un voto delante de una multitud de que nunca volveré a tomar cerveza."

Rabha dijo: "Yo preferiría tomar agua con lino molido que cerveza," y continuó diciendo: "Aquel que hace el *Kiddush* sobre cerveza, no se le debería permitir beber nunca más."

(TP, Capítulo X, Mishná I)

COMENTARIO

El vino que se bebe durante las ceremonias del Shabbath es un vino consagrado, comparable al vino que en muchas congregaciones sirven para recordar la última cena que el Señor Yeshúa HaMashíaj tuvo con sus discípulos. Este vino es extraído de la uva mediante procesos de fermentación y debe de ser dulce.

La cerveza, en este caso, contenía en su proceso de destilación, dátiles, pero por muy dulce que hubiera sido no contaba con las características del vino de mesa.

Si bien es incorrecto beber vino cuando no se trata de celebraciones especiales, cuánto más será protervo ingerir otro tipo de bebidas embriagantes, recordando lo que el rabino Pablo decía en 1 Corintios 6:10, que: *"los borrachos no heredarían el reino"* de Hu HaMeboraj LeOlamim, de Quien es Bendito por los Siglos.

LA HISTORIA RABÍNICA

En Palestina no se le daba atención a los números pares ni a los números raros, pero rabbi Dimi de Neherdai era muy particular acerca de los números en sus barriles: Una vez sucedió que no prestó atención a los números, y los barriles explotaron.

De ahí se dedujo la regla de que una persona que es muy particular acerca de las cosas es susceptible a accidentes, pero aquellos a quienes no les afecta la superstición, también sucede que les pueda ocurrir un accidente.

Cuando rabbi Dimi llegó de Palestina, dijo: "Dos huevos, dos nueces, dos pepinos y dos más de otras cosas que no puedo recordar, son injuriosas para el hombre: Es una ley Sinaítica."

Pero los rabinos no pudieron saber qué era la otra cosa, de modo que incluyeron dos de cada cosa injuriosa como una precaución.

El estatuto en otra parte dice que diez, ocho, seis y cuatro son excluidos de los números pares que son injuriosos, porque se refiere a los actos causados por espíritus malignos, pero donde concierne la brujería, esos y otros números pueden ser injuriosos.

Así sucedió cuando un hombre una vez se divorció de su esposa y ella se convirtió en la esposa de un vendedor de vino.

El primer esposo normalmente iba a comprar su vino con ese vendedor de vino, y lo trataron de embrujar sin éxito, porque siempre fue cuidadoso de evitar los números pares. Un día se sintió tan libre, que después de tomar dieciséis copas se confundió y no supo cuántas se había tomado, y sin darse cuenta bebió copas en pares, y entonces lo pudieron embrujar.

Cuando salió a la calle se encontró con un mercader que le dijo: "Vi a un hombre asesinado caminar delante de mí."

No pudiendo caminar más, el borracho se tuvo que sostener de un árbol, cuando de pronto el árbol emitió un chasquido y se secó, y el hombre murió."

Rabbi Avira dijo: "Los canastos y los panes no son afectados por los números pares. La regla es, que cualquier cosa producida de manera artificial no está sujeta al mal de los números pares, pero las producciones naturales, como las frutas y otros comestibles, sí lo son."

"Las tiendas no son afectadas por los números pares, cuando uno come en dos tiendas, por ejemplo."

"Si alguien come algo y después de reconsiderarlo, come otra cosa, la regla de los números pares no aplica."

"Los huéspedes no son afectados por los números pares; como cuando se le da una copa de vino a un huésped y luego otra, pues como no sabe cuántas más se le ofrecerán, no es afectado."

"Las mujeres no son afectadas por los números pares, pero una mujer prominente debe tener cuidado de todos modos."

Rabbi Nahman dijo en nombre de Rabh: "Si se beben dos copas antes de sentarse a la mesa, y una después de que ya se sentaron, se cuentan juntas, pero si se toma una sola antes de sentarse a la mesa y luego dos estando sentados en la mesa, no se cuentan juntas."

Rabbi Mesharshia se opone a este estatuto: "¿Nos concierne entonces la mesa? Porque es el hombre el que es afectado, y si bebe tres copas no hay problema. De modo que solamente el hombre que bebe dos copas en la mesa, pronuncia la bendición después de los alimentos, y luego bebe otra copa, las tres copas no se cuentan juntas."

(TP, Capítulo X, Mishná I)

COMENTARIO

En la mayoría de las culturas existe cierta superstición hacia los números. La cultura occidental, por ejemplo, le tiene ciertas reservas al número trece, tanto que se evitan los pisos treces en los hoteles, por ejemplo.

La gente que ha creído en Yeshúa HaMashíaj también cae

a veces en este tipo de situaciones, prefiriendo normalmente el número siete, argumentando ser el número de HaMithalej Bein Sheba Menorót HaZahab, del que Camina entre los Siete Candelabros de Oro. Existen múltiples ejemplos de estas situaciones.

Lo cierto es que el hebreo es un lenguaje cuyas letras representan también números, lo cual nos habla de la universalidad de la palabra de las Sagradas Escrituras, porque habiendo tantos lenguajes en el mundo, el idioma universal es el de los números, de modo que podemos aseverar sin temor a equivocarnos que la numerología bíblica es la manera de universalizar su palabra.

En cuanto a supersticiones sobre números que traen mala o buena suerte, debemos remitirnos al mensaje talmúdico del principio de la historia: —En Palestina, entendida como la región geográfica que alberga la tierra de Israel, no se le daba atención a los números pares ni a los números raros—, lo cual quiere decir que fueron costumbres babilónicas introducidas por los viajeros y que contaminaron la mente de los israelitas.

LA HISTORIA RABÍNICA

Rabh decía a su hijo Hiya: "No te hagas el hábito de tomar medicina."

"No des zancadas largas."

"Evita en lo posible que te saquen un diente."

"Nunca trates de molestar a una serpiente y no hagas deporte con los persas."

(TP, Capítulo X, Mishná I)

COMENTARIO

Es una realidad que los virus se han fortalecido en las últimas décadas por el mal uso que le damos a los antibióticos, pues debemos hacernos a la idea que si en algún momento vamos a hacer uso de ellos, debemos de hacerlo conforme a lo que manda el médico, y no dejarlos de tomar cuando sentimos una mejoría, porque es lo que ha hecho más resistentes a bacterias y organismos patógenos.

Las zancadas largas podían ser interpretadas por los militares romanos como una persona que escapaba de la justicia, de modo que quien no tiene culpa alguna, caminaría de manera pausada.

Cuando se llega a determinada edad, uno se arrepiente de todos esos dientes que nos sacaron por estética, o porque estaban picados, ya que es mejor luchar por conservar intacta nuestra dentadura.

En Medio Oriente las serpientes no se esconden de sus victimarios, sino que los persiguen, sobre todo las cobras, de modo que es muy peligroso intentar matar a una.

Sin embargo, el Talmud equipara a los persas con serpientes en un sarcasmo irónico: Como conquistadores, inflamados por el nacionalismo, los persas podían delatar alguna actividad sospechosa de un judío aunque aparentara amistad.

LA HISTORIA RABÍNICA

Cuando rabbi Aquiba estaba en prisión, mandó cinco cosas a rabbi Shimeón ben Yojai después de que rabbi Shimeón ben Yojai le dijera: "Maestro, enséñame la Toráh."

Rabbi Aquiba respondió: "No deseo hacerlo."

Le volvió a insistir: "Si no lo haces, me voy a quejar con mi padre Yojai y él te denunciará al gobierno."

Rabbi Aquiba le respondió: "Hijo mío, la cabra quiere mamar leche, pero más lo quiere la vaca."

Rabbi Shimeón replicó: "En ese caso, la cabra corre mayor riesgo." Y esto lo decía porque rabbi Aquiba había estado en prisión con anterioridad por su ofensa, mientras que rabbi Shimeón ben Yojai, la cabra, corría el riesgo de ser detectado.

Entonces rabbi Aquiba le dijo cinco cosas: "Si te quieres ahorcar, escoge un árbol robusto." Es decir, que si alguna vez quieres que tus palabras sean escuchadas, dalas en el nombre de una gran autoridad en la materia."

"Si quieres enseñar a tu hijo, enséñalo de libros que no contengan errores." De acuerdo a Rabha, y según otros de acuerdo a rabbi Mesharshia, esto quiere decir: "Si un niño es enseñado de manera incorrecta en un principio, es después casi imposible corregirlo después."

Decía rabbi Aquiba: "No cocines en el mismo traste que tu vecino ya utilizó." Es decir, no contraigas matrimonio con una mujer divorciada cuyo marido todavía vive, porque el maestro decía que si un hombre divorciado se casaba con una mujer divorciada, había cuatro mentes diferentes en una cama, aunque otros decían que rabbi Aquiba se refería a una viuda.

"Si quieres hacer un acto de caridad o realizar un mandamiento religioso, e incidentalmente recibes un beneficio de ello, debes prestar el dinero al esposo y comer del fruto de su tierra, en donde harás un acto de caridad y también recibirás un beneficio material. Y si haces un acto religioso y mantienes tu cuerpo limpio, debías casarte con una mujer y tener hijos."

(TP, Capítulo X, Mishná I)

COMENTARIO

En un tiempo de persecución política, era muy peligroso expresar los conocimientos a otra persona, porque se podía prestar para acusar al ideólogo de sedición, y es por eso que rabbi Shimeón Ben Yojai tiene que presionar a rabbi Aquiba hasta obtener una respuesta satisfactoria.

Es algo totalmente académico citar la fuente de nuestra información, porque le estamos dando el crédito a la persona que nos proporcionó la idea, y también demostramos nuestra humildad, además de sustentar nuestro conocimiento.

Desaprender es lo más difícil en la vida, porque requiere un esfuerzo consciente para abrir nuestra mente y aprender nuevamente, sin sentir que lo sabemos todo.

El matrimonio es una institución que de acuerdo a los parámetros bíblicos debe durar toda la vida, de modo que se recomienda que de preferencia ambos sean solteros.

Cuando hacemos caridad, no esperemos recompensa ni busquemos ayudar a quien a su vez nos vuelva a convidar, como dice Lucas 14:12.

Se terminará este Tratado con el consejo de esta última historia del rabino Aquiba, que dice: —Si quieres enseñar a tu hijo, enséñalo de libros que no contengan errores—, exhortando al lector que dé a conocer este material para que el entendimiento de nuestro glorioso Adón Yeshúa HaMashíaj esté fundamentado en el contexto rabínico en el que vivió, de manera que cimentemos nuestra fe en enseñanzas rabínicas que nos darán una perspectiva más amplia sobre la matriz en la cual está fundamentada la fe en el Mashíaj.

BIBLIOGRAFÍA

Ayala Serrano, Lauro Eduardo.

(2007). *Los Nombres de Dios.* México: Editorial AMI.

(2010). *Tomo I: Tratado de Shabbath. La Sabiduría Rabínica a la Luz de las Enseñanzas de Yeshúa HaMashíaj, Yeshúa HaMashíaj el Cristo.* México: Editorial AMI.

(2011). *Tomo II: Tratado de Eruvin. La Sabiduría Rabínica a la Luz de las Enseñanzas de Yeshúa HaMashíaj, Yeshúa HaMashíaj el Cristo.* México: Editorial AMI.

(2012).

Enero. *Tomo III: Tratado de Pesajim. La Sabiduría Rabínica a la Luz de las Enseñanzas de Yeshúa HaMashíaj, Yeshúa HaMashíaj el Cristo.* México: Editorial AMI.

Agosto. *Tomo IV: Tratado de Yoma & Shekalim. La Sabiduría Rabínica a la Luz de las Enseñanzas de Yeshúa HaMashíaj, Yeshúa HaMashíaj el Cristo.* México: Editorial AMI.

(2013). *Tomo V: Tratado de Rosh HaShaná. La Sabiduría Rabínica a la Luz de las Enseñanzas de Yeshúa HaMashíaj, Yeshúa HaMashíaj el Cristo.* México: Editorial AMI.

(2014). *Siddur HaMaljut. Oraciones Diarias del Reino.* Editorial AMI.

Beckwith, R.T. **(1988).** *Formation of the Hebrew Bible.* Assen, Philadelphia: Editorial MJ Malder.

Ben Avraham, Dan. **(2010).** *El Código Real. Versión Hebraica del Nuevo Testamento. "Comentario Hebraico de Meir (Marcos).* México: Editorial AMI.

Bronislaw, Malinowsky **(1957).** *La Economia de un Sistema de Mercados en Mexico. Un Ensayo de Etnografia Contemporanea y Cambio Social en un Valle Mexicano.* México. Editado por la Escuela Nacional de Anropología e Historia.

Charlesworth, James. **(1983).** *The Old Testament Pseudepigrapha. Volúmenes I y II.* USA: Editorial Doubleday.

Douglas, Mary. **(2003).** *Purity and Danger. An Analysis of Concept of Pollution and Taboo.* New York: Editorial Routledge & Kegan Paul.

Durkheim, Èmile. **(2003).** *Las Formas Elementales de la Vida Religiosa.* México. Alianza Editorial.

Eliade, Mircea.

(1964). *Shamanism: Archaich Techniques of Ecstasy.* London.

(1996). *Tratado de Historia de las Religiones.* México: Editorial Era.

Frazer, James. **(1994).** *El Folklore en el Antiguo Testamento.* México: Editorial FCE.

Gontard, Friedrich. **(1961).** *Historia de los Papas. Volúmenes I y II.* Argentina: Editorial Compañía General Fabril.

Harris, Marvin. **(1997).** *Vacas, Cerdos, Guerras y Brujas. Los Enigmas de la Cultura.* Madrid: Alianza Editorial.

Hinn, Benny. **(1997).** *Buenos Días Espíritu Santo.* USA: Editorial: Thomas Nelson Publishers.

Maier, Christl M. **(2008).** *Jeremiah as Teacher of Toráh en Interpretation (Richmond, Va.)* 62 no1 22-32 Ja.

Malinowsky, Bronislaw. **(2002).** *Argonauts of the Western Pacific. An Account of Native Enteprise and Adventure in the Archipielagoes of Melanesian New Guinea.* UK. Editorial: Routledge.

Martínez, Franciso. **(2008).** *Si se Humillare mi Pueblo e Invocare mi Nombre. El Nombre Memorial, Evidencias y Conclusiones.* USA: Editado por la Comunidad Judía Nazarena Derej ha Shem.

Morin, Edgar. **(2006).** *El Método 6. Ética.* Madrid: Editorial Cátedra Teorema.

Reina Valera 1960. (1998). USA: Editorial Sociedades Bíblicas Unidas.

Petuchowsky, Jakob. **(2003).** *El Gran Libro de la Sabiduría Rabínica.* España: Editorial Sal Térrea.

Evans-Pritchard, Edward. **(1969).** *The Nuer. A description of the modes of livelihood and political institutions of a Nilotic people.* New York. Editorial Oxford University Press.

Rodkinson, Michael L., **(2011).** The *Babylonian Talmud* en: http://www.sacred-texts.com/jud/talmud.htm

Santos, Aurelio de. **(2003).** *Los Evangelios Apócrifos.* Madrid: Editorial Biblioteca de Autores Cristianos.

Stone, Michael E., **(1984).** *Jewish Writings of the Second Temple Period.* Philadelphia: Fortress Press.

Wagner, Roy. **(1972).** *Habu, the Innovation of Meaning in Daribi Religion.* USA: The University of Chicago Press.

Glosario

Académico. El texto talmúdico emplea este término para designar únicamente a los estudiantes del Talmud.

Av. Mes lunar hebreo que dependiendo del ciclo de la luna equivale a julio o agosto.

Adar. Mes lunar hebreo que dependiendo del ciclo de la luna equivale a febrero o marzo.

Aggadá o Hagadá. Se traduce como narración.

Amora. Maestro del Talmud. Sinónimo de **Tana.** Se trataba de las personas que repetían las enseñanzas de los maestros talmudistas, pero que después se convierten en los cristalizadores de estas enseñanzas en lo que se conoce como Literatura Amoráica, que florece en los siglos III al VI AD.

Bar. Significa hijo. Sinónimo de Ben.

Ben. Significa hijo. Sinónimo de **Bar.**

Beith Din. Cortes de Justicia. Se trataba de tribunales que juzgaban en materia judicial.

Beith HaMikdash. Literalmente Casa Sagrada. Así le llamaba al Templo de Jerusalén.

Boetusianos. Se trata de una familia sacerdotal descendientes de Boetus de Alejandría: su hijo Shimeón ben Boetus es hecho sumo sacerdote por Herodes el Grande.

Boraitha. También se escribe Boraita. Cúmulo de tradiciones tanaíticas que no están contenidas en la Mishná, sino que provienen de otras fuentes.

Caraites. Grupo de estudiosos de las Escrituras que dependían únicamente de su interpretación literal.

Codo. El codo bíblico es equivalente al **Ell** rabínico. Corresponde a 45 cms.

Casa de Estudio. También conocida como **Yeshivá**, es el lugar donde se enseña judaísmo.

Ell. Medida de distancia rabínica equivalente al largo del brazo de un hombre. También conocida como **Codo**. Corresponde a 45 cms.

Elul. Mes lunar hebreo que dependiendo del ciclo de la luna equivale a agosto o septiembre.

Exilarca. Se le llamaba así al sucesor de la línea genealógica davídica. Durante la 2da Guerra Mundial había personas que reclamaban ser

descendientes sanguíneos de David en Europa.

Gehena o Gueihinóm, que se traduce del hebreo como Infierno. En realidad era el basurero de Jerusalén, que se encontraba a las afueras de la ciudad, pero que se utilizaba como metáfora del juicio del Señor, porque era costumbre quemar la basura.

Guemará. Comentarios a la **Mishná**, realizados por el Amora.

Gueoním. Comentaristas del Talmud de los siglos VII al XI AD.

Gomer. Medida de volumen equivalente a 3.7 litros.

Habdalá. También se escribe Havdalah. Ceremonia que marca el fin del **Shabbath** y recibe la nueva semana. Dentro de la ceremonia se bendice el vino con una oración conocida como **Kiddush**.

Halajá o Halakhá. Se refiere al cúmulo de tradiciones orales que reinterpretaban la Toráh.

Hallel. Se trata de los Salmos 113 a 118 que son cantados durante la Pascua. Algunos opinan que comienzan desde el Salmo 112.

Helenos. Se dice de los Griegos, que tuvieron control sobre Israel del 323 AC al 330 AC.

Hin. Medida de volumen equivalente a 6.2 litros.

J

Jajám. Sabio.

Jamnia o Yavnia, es el lugar donde se reunieron los rabinos en el año 70 AD para cerrar el canon del Antiguo Testamento.

Jolobbus. Equivalente a .28 gramos de plata.

Jometz. Aunque la traducción literal es levadura, en realidad hace referencia a cualquier clase de harina que contenga levadura.

Jubileo. Bíblicamente, es el período de 49 años, al término de los cuales se condonaban las deudas y se realizaban otros actos de misericordia.

Kabh. Medida de área equivalente a 600 metros cuadrados.

Karath o Kareth, se trata de una amonestación moral, donde se deja a Dios el juicio sobre la persona. La maldición actuará sobre el individuo reduciendo su tiempo de vida sobre la tierra.

Kehilá. Se traduce como Congregación.

Kelayim. De acuerdo a Levítico 19:19, mezcla ilegal, fuera de semillas, de tipos de hilo, de animales, etc.

Ketubah. Acta matrimonial judía.

Kiddush. Oración que se dice sobre el vino durante el **Shabbath**.

Kur. Medida de área equivalente a 17 mil metros cuadrados.

L

Lulab. Nombre dado a la rama de la palma que contiene su fruto. Se le agita durante la fiesta de Sukkót o fiesta de los Tabernáculos.

Meah. Medida de peso equivalente a . 57 gramos de plata.

Menoráh. Lámpara de siete brazos que se encontraba dentro del Templo.

Midrash. Hace referencia al término hebreo que designa un método de exégesis de un texto bíblico. También puede referirse a una compilación de comentarios legales, exegéticos u homiléticos de la Biblia.

Miqvé. Lugar donde se practica el baño ritual.

Mishná. Cúmulo de instrucciones orales cristalizadas a principios de la era cristiana que tienen como propósito enseñar las tradiciones interpretativas orales de la Ley judía.

Nissán. Primer mes del calendario lunar hebreo, que comienza su cuenta a partir de la salida del pueblo de Israel de Egipto. Equivale a marzo o abril.

Omer. Gavilla de cebada que se presentaba como ofrenda en el segundo día de Pascua.

Palestina. Término que comprende a la región de Israel. El nombre le fue dado en el año 70 AD por los romanos para desvincular a Israel de su territorio.

Parsah. En plural de Parsaóth. Medida de distancia equivalente a 4 kilómetros.

Pesaj. Es la fiesta de la Pascua, donde se celebra la salida de Israel de Egipto.

Rabbi. Es la abreviación de rabino, título equivalente a maestro.

Rosh Hashaná. Año Nuevo judío, que se celebra entre septiembre y octubre.

Saah o Seah. Medida de volumen equivalente a 15 litros.

Sague o Sage. Son los continuadores de la tradición

de los sacerdotes bíblicos después de que el Templo de Herodes fue destruido en el año 70 AD.

Seol. Sinónimo de **Gehena**. Sinónimo del Infierno.

Sela. Medida de peso equivalente a 22.8 gramos de plata.

Shabbath. Día de descanso, que comienza el sexto día de la semana en la tarde y termina el séptimo día de la semana en la tarde.

Shavuót. Se conoce como fiesta de las Semanas, donde se dedicaban las primicias de la cosecha. En griego se le tradujo como Pentecostés.

Shebat. Mes lunar hebreo que dependiendo del ciclo de la luna equivale a enero o febrero.

Shekel. Medida de peso equivalente a 11 gramos de plata.

Shekalim. Literalmente se traduce como "pesos," aunque en el caso del Tratado de Shekalim, se refiere a la recolección del medio shekel anual que se utilizaba para la reparación del Templo.

Shejiná o Shekhiná. El término hace referencia a la epifanía divina, es decir, a una manifestación física de YHVH.

Shema. Oración que cita el texto bíblico de Deuteronomio 6:4-5, a saber: Oye, Israel: YHVH nuestro Señor, YHVH uno es. Y amarás a YHVH tu Señor de todo tu corazón, y con toda tu alma, y con todas tus fuerzas.

Span. Medida equivalente al ancho de una mano extendida.

Suf. Mar Suf es el lugar donde se separaron las aguas para que atravesaran en seco los israelitas.

Sukká. Se dice de los tabernáculos en los que habitó el pueblo de Israel en el desierto.

Sukkót. Conocida como fiesta de los Tabernáculos, conmemora el tiempo que el pueblo de Israel vivió en el desierto antes de entrar a la Tierra Prometida.

T

Tana. Maestro del Talmud. Sinónimo de Amora.

Tebeth. Mes lunar hebreo que dependiendo del ciclo de la luna equivale a diciembre o enero.

Tefilín. Se les conoce como Filacterias, son dos cubos cuadrangulares que contienen cada uno un pedazo de piel escrito con citas de la Toráh. Se utilizan con fines rituales.

Tishrei. Mes lunar judío que dependiendo del ciclo de la luna equivale a septiembre u octubre.

Toráh. En su sentido más estricto, está conformada por los libros del Génesis, Éxodo, Levítico, Números y Deuteronomio. Aunque normalmente se utiliza para designar todo el canon bíblico del Antiguo Testamento.

Tosafistas. Comentaristas del Talmud posteriores al siglo XII AD.

Yeshivá. Casa de Estudio donde se enseña judaísmo.

Yom Kippur. Día del Arrepentimiento. Es una festividad anual donde se pide perdón por los pecados de todo el pueblo. En la actualidad se transfieren los pecados a una gallina.

Zuz. Moneda antigua hebrea de plata. 4 zuz equivalían a un **Shekel** de plata.

OTROS TITULOS DEL AUTOR

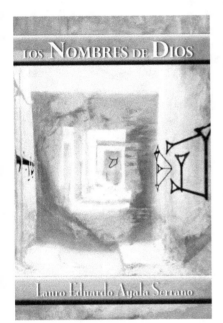

Los Nombres de Dios es una compilación de más de mil Nombres Sagrados del Señor que aparecen en la Biblia, desde Génesis hasta Apocalipsis.

Su traducción más correcta del hebreo al español y su transliteración adaptada para un público de habla hispana.

El Poder en los Nombres de Dios es una obra corregida y aumentada que nos llevará Nombre por Nombre y Atributo por Atributo para utilizar de manera concreta y práctica más de setecientos Nombres del Eterno.

La serie de libros acerca del Talmud muestran interpretaciones rabínicas de tiempos del Mashíaj, todas explicadas para entender con una mayor profundidad los textos del Nuevo Testamento.

INTERPRETACIONES BIBLICAS SEFARADIES

LAURO EDUARDO AYALA SERRANO

Las Interpretaciones Bíblicas Sefaradíes son las interpretaciones de los rabinos que habitaron España entre los siglos XII al XVI, explicadas en el contexto del Nuevo Testamento.

Se trata de una literatura única en su género que busca vincular al hombre con el Eterno.

El Siddur del Reino es un libro que retoma las oraciones diarias del judaísmo, pero introduciendo textos del Nuevo Testamento.

De este modo, tenemos un libro para poder realizar un devocional diario y mejorar nuestra relación con el Eterno.

SIDDUR HAMALJUT
ORACIONES DIARIAS DEL REINO

LAURO EDUARDO AYALA SERRANO

La Biblia Diacrónica con Hebraísmos es una reinterpretación, reinvención y desestructuración del texto bíblico. Es un intento por ordenar las historias de manera cronológica e histórica, por una parte, y de resaltar los términos hebreos mediante los cuales se puede profundizar más el texto bíblico.

Se trata de una Biblia de estudio que cambiará nuestra postura clásica para entender la diégesis bíblica.

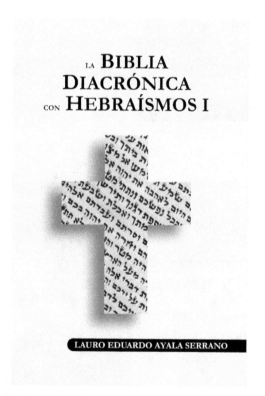

Printed in the USA
CPSIA information can be obtained
at www.ICGtesting.com
LVHW021630210923
758955LV00041B/749